PienseMejor
VivaMejor

Joel Osteen

NEW YORK | BOSTON | NASHVILLE

PienseMejor
VivaMejor

Desarrollo literario por: Lance Wubbels Literary Services, LLC

Portada y diseño interior por: Koechel Peterson & Associates, Inc., Minneapolis,
Minnesota

This edition published by arrangement with FaithWords, New York, New York,
USA. All rights reserved.

FaithWords
Hachette Book Group
1290 Avenue of the Americas
New York, NY 10104
www.faithwords.com

Impreso en los Estados Unidos de América

LSC-C

Primera edición: Octubre 2016
10 9 8 7 6 5 4 3 2 1

International Standard Book Number: 978-0-8929-6929-6

CONTENIDO

PienseMejor
VivaMejor

CAPÍTULO UNO

Reprograme su mente

Nuestra mente es como una computadora. Va a funcionar según la forma en que la programemos. Usted puede tener la computadora más poderosa que jamás se haya fabricado, el modelo más nuevo y veloz, con la máxima capacidad de memoria que exista, pero si instala el programa equivocado, no va a funcionar de acuerdo a su diseño. Todos hemos tenido que lidiar con los virus en las computadoras. Estos pueden ingresar en una computadora perfectamente funcional y empezar a contaminar sus programas. No pasa mucho tiempo antes de que la computadora se vuelva lenta, y luego, no puede tener acceso a sus archivos. Ninguno de estos problemas ocurre porque la computadora esté defectuosa o mal hecha. Los componentes de la computadora están bien. La razón es porque alguien reprogramó los programas. De alguna manera, el interior se averió. Ahora el programa está contaminado.

De manera similar, cuando Dios lo creó, Él dio un paso atrás y dijo: "Otra obra maestra". Sus componentes son perfectos. Tiene el tamaño correcto, la nacionalidad correcta y tiene los dones adecuados. No solo eso, Dios puso en usted el programa adecuado. Desde el principio, Él le programó para ser triunfador, sano, fuerte y creativo. Su programa original dice: "Todo lo puedes en Cristo"; "Todo lo que toques prosperará y tendrá éxito" y "Eres cabeza y no cola. Darás en préstamo y no pedirás prestado. Eres triunfador y no víctima". Fue programado para vivir una vida abundante, victoriosa y llena de fe. Así es como su Creador lo diseñó.

> *Usted fue programado para vivir una vida abundante, victoriosa y llena de fe.*

La razón por la que no siempre experimentamos esta vida abundante es porque hemos permitido que los virus contaminen nuestra programación. Nos decimos a nosotros mismos: "Nunca triunfaré. No tengo tanto talento". "Nunca romperé con esta adicción. La he tenido por mucho tiempo". "Soy muy lento, torpe y feo. No hay nada bueno en mi futuro".

Ya que nuestro programa está infectado, andamos con baja autoestima, somos negativos, no creemos que nuestros sueños se harán realidad y no esperamos que los problemas se alejen.

Sin embargo, hay buenas noticias. No hay nada malo en usted. Tal como esa computadora, usted no es un error. No está defectuoso o descompuesto. El problema está en su programación. Tiene que deshacerse de los virus. Durante todo el día, permanezca en lo que su Creador dice de usted. "Soy bendecido. Soy fuerte. Estoy sano. Tengo confianza. Soy atractivo. Valioso. Triunfador". Tiene que volver a su programación original. Si su pensamiento es limitado, su vida será limitada. Cuando piense mejor, vivirá mejor.

Aprenda a usar la tecla "eliminar"

Para restaurar su programación original, una de las mejores cosas que podemos aprender a hacer es usar la tecla "eliminar". Cuando los pensamientos negativos, de desánimo, traten de contaminar su programación, solamente elimínelos con la tecla antes de que empiecen a afectar la forma en que vive. Ese pensamiento dice: *Lo mejor de tu vida ya pasó. De aquí en adelante es cuesta abajo.* Reconozca que ese es un virus tratando de evitarle alcanzar su destino.

Es verdaderamente sencillo. Eliminar. Dígaselo a sí mismo: "No voy a pensar en eso. Mi programación dice: 'El camino del justo es cada vez más brillante'".

Nunca te pondrás bien. Ya viste el diagnóstico médico.

Eliminar. Reemplácelo al decir: "Dios está restaurando mi salud. Él cumplirá el número de mis días".

Nunca alcanzarás tus sueños. No tienes tanto talento. No eres capaz. Eliminar. Eliminar. Eliminar. "Asombrosa y maravillosamente he sido creado. Tengo el favor de Dios. Todo lo que toco prospera y triunfa".

> Si usted va a alcanzar su más alto potencial, tiene que ser bueno usando la tecla "eliminar".

Nunca romperás esa adicción. Tu padre fue un alcohólico, y tú también lo serás. Eliminar. "Ningún arma forjada contra mí prosperará. A quien el Hijo libertare será completamente libre, y yo soy libre".

Si usted va a alcanzar su más alto potencial, tiene que ser bueno usando la tecla "eliminar".

Cuando empecé a pastorear la iglesia, cada pensamiento me decía. *No puedes hacer esto, Joel. No sabes ministrar. Eres muy joven. No tienes experiencia. Nadie va a venir.* Habría sido fácil permitir que ese virus echara raíz e impidiera que alcanzara mi destino. Hice lo que le estoy pidiendo que haga. Seguí usando la tecla "eliminar". *No puedes.* Eliminar. *Eres muy joven.* Eliminar. *Nadie va a venir.* Eliminar. *No tienes experiencia.* Eliminar. *No va a funcionar.* Eliminar. No estaría donde estoy si no me hubiera convertido en un experto en el uso de la tecla "eliminar".

Proteja su mente

La Escritura nos dice que protejamos nuestra mente. Usted controla la entrada de lo que permite pasar. Puede concentrarse en cada pensamiento negativo, cada comentario despectivo o puede decidir eliminarlo y enfocarse en lo que Dios dice acerca de usted. Si yo hubiera permitido que esos pensamientos negativos se repitieran en mi mente una y otra vez, habrían contaminado mi confianza, contaminado mi autoestima y contaminado mi futuro.

¿Por qué no empieza a usar la tecla "eliminar"? Deje de enfocarse en cada pensamiento negativo que le viene a la mente. Ese es el enemigo tratando de contaminar su programación. Si él puede controlar su pensamiento, él puede controlar su vida entera. Si el pensamiento es negativo, desalentador, depresivo, no se concentre en él. Elimínelo. Preste

atención a lo que piensa. Si anda pensando en que
no tiene talento, nunca tendrá la confianza de entrar a su destino. Si piensa que es feo, nunca conocerá a las personas que debe conocer. Si piensa que
no puede romper esa adicción, no puede. Si piensa
que ha llegado al límite, así es. No es que no pueda
ir más allá. Solamente que se ha convencido a sí
mismo de que no puede.

La buena noticia es que no es demasiado tarde.
Todavía puede llegar a ser aquello para lo que Dios lo
creó. Esta es la clave: Tiene que deshacerse de todas
las cosas negativas que la gente ha dicho de usted.
Usted no es lo que la gente dice; es lo que Dios
dice que es. Deshágase de las cosas negativas que
el entrenador o el maestro dijeron de usted. "Eres
muy pequeño. No eres capaz". Elimínelo.

> *Tiene que deshacerse*
> *de todas las cosas negativas*
> *que la gente ha dicho*
> *de usted.*

Deje de enfocarse en eso. Usted tiene la estatura correcta. Tiene exactamente todo lo
necesario para la carrera que ha sido diseñada para
usted.

Deshágase de lo que dijo su consejero: "Solo
eres un estudiante mediocre. No tienes capacidad

universitaria". Elimínelo. Usted es un estudiante sobresaliente. Tiene semillas de grandeza.

Deshágase de lo que su exnovio o exesposo dijo. "No eres atractiva. No me mereces". Elimínelo. Usted es una obra maestra, única, bella, atractiva, una posesión preciada.

Quizá tenga que deshacerse de lo que uno de sus padres dijo sobre usted. "Eres tan indisciplinado. Nunca vas a lograr nada. No puedes hacer nada bien". Elimínelo. Usted está destinado para hacer cosas grandes. Está destinado para dejar huella en esta generación.

Riegue las semillas correctas

Leí un reporte acerca de niños que han sido acosados en la escuela. Hablaba acerca de cómo, años después, esas palabras negativas de los acosadores aún tenían impacto en muchos de ellos. Los investigadores entrevistaron a un hombre de aproximadamente cuarenta años. Parecía ser un hombre brillante, inteligente, pero no había sido capaz de mantener un buen trabajo, tenía problemas con sus relaciones y, simplemente, no parecía poder mantener su vida en curso. Él relató cómo, de niño había sido gordo, y algunos de los otros niños se burlaban de él y le ponían apodos como "perdedor" y "fracasado". Él cometió el error de permitir que esas palabras echaran raíz en su mente y tuvo un impacto dramático en su vida. Lo estaba manteniendo en la mediocridad.

Cuando alguien le pone un sobrenombre, sea bueno o malo, esa semilla queda plantada en usted. Ahora bien, usted puede determinar si esa semilla echa raíz y crece, o no. Cuando se queda pensando en lo que se dijo, usted está regando esa semilla. Le está dando el derecho de hacerse realidad. Por eso es tan importante que seamos disciplinados en nuestros pensamientos. Es maravilloso cuando la gente le dice: "Usted es bendecido. Tiene talento. Hará grandes cosas". Riegue esas semillas. Medite en ellas a lo largo del día. Eso es lo que usted quiere que se haga realidad.

Sin embargo, con mucha frecuencia cometemos el error de regar las semillas incorrectas. Si permite que lo negativo que otras personas dijeron acerca de usted eche raíz, no es culpa de ellos. Ellos no pueden hacer que la semilla eche raíz en usted. Todo lo que pueden hacer es sembrar la semilla. Usted tiene el control completo sobre qué semillas van a crecer en su terreno. Muchas veces culpamos a los demás. "Están hablando de mí. Trataron de avergonzarme. Me estaban criticando". Deje que hablen todo lo que quieran. Usted tiene el control de su terreno. No permanezca en lo negativo. No repita mentalmente lo que ellos dijeron una y otra vez. Proteja su mente. Esos son virus tratando de infiltrarse en su programación.

Esto es lo que el Señor le dijo a Josué después de que Moisés murió y él era quien iba a guiar a los israelitas para entrar a la Tierra Prometida: "Si meditas, día y noche, en lo que Dios dice acerca de ti, tendrás buen éxito y prosperarás en todo lo que hagas". Cuando su mente está llena de pensamientos de fe, esperanza y triunfo, eso es lo que se hará realidad.

¿Sabe por qué estaba teniendo problemas el hombre de aproximadamente cuarenta años? Él permitió que esos comentarios despectivos sonaran en su mente una y otra vez. Cada vez que pensaba en ello, estaba regando esa semilla, año tras año. Es triste decirlo, pero eso llegó a ser realidad. ¿Cuán diferente habría sido su vida si tan solo hubiera aprendido a usar la tecla de "eliminar"? En lugar de que sonara en su mente lo negativo de manera constante, él debió haber respondido: *Soy una obra maestra. Soy único. Tengo talento. Tengo semillas de grandeza.* Habría sido una historia muy diferente.

Reprograme su programación

¿Hay virus que están contaminando su computadora? ¿Está permitiendo que lo que la gente ha dicho de usted le detenga? No podemos evitar que las voces negativas hablen, pero podemos escoger si vamos a creer o no lo que ellas digan. Dios nos ha dado a cada uno de nosotros una tecla de "eliminar".

Hablé con un hombre que fue criado por un padre muy negativo. Su padre siempre lo menospreciaba, le decía lo que no podría llegar a ser. No es de sorprender que este hijo, cuando llegó a sus veintes y aun durante sus treintas, parecía no poder salir adelante. La vida siempre era una lucha. Tenía un grado universitario, pero no podía conseguir un buen trabajo ni mantener una relación estable. Él contó cómo las palabras de su padre resonaban siempre en su mente: "Nunca tendrás éxito. No estás preparado". Aun cuando el padre estaba en su lecho de muerte, lo vio y le dijo: "Tu hermano nunca logró nada, y tú tampoco lo harás". Esas fueron las últimas palabras que escuchó de su padre. Durante años, anduvo con una ira latente, sintiéndose inferior, y toda esa negatividad actuaba como un ancla en su vida. Él no aceptaba una nueva posición. No se sentía calificado. Tenía mucho miedo. Todas esas ataduras eran resultado de las palabras que le fueron dichas. Sabemos la importancia de la bendición de un padre, el peso que conlleva; pero, desafortunadamente, algunas personas no reciben esa bendición.

Un día, este hombre me escuchó hablar acerca de los patrones mentales erróneos y de asegurarse de no tener cosas que lo retengan. Él se dio cuenta que las palabras de su padre se habían convertido en una fortaleza en su mente. Él empezó a usar la tecla "eliminar", reprogramando su mente. Cuando escuchaba: "No estás preparado", presionaba la tecla de "eliminar" y decía: "Estoy equipado. Facultado. Soy muy capaz". Cuando escuchaba: "Nunca lograrás nada", oprimía la tecla "eliminar" y declaraba: "Cumpliré mi destino. Seré todo lo que Dios ha planeado para mí".

Ahora, este caballero tiene mucho éxito y una hermosa familia. Son voluntarios en nuestros servicios. Todo cambió cuando él empezó a usar la tecla "eliminar". Quizá usted sea como él y no recibió la bendición de su padre terrenal. La buena noticia es que usted tiene la bendición de su Padre celestial. Dios todopoderoso le dice: "Tú eres mi obra maestra. Eres único. Tienes semillas de grandeza. Estás equipado, eres fuerte, tienes talento y eres hermoso". Eso es lo que debería resonar en su mente. No importa quién intentó decirle lo contrario: un padre, amigo, entrenador, vecino; elimine eso y reprograme su programación. Usted no está defectuoso. No tiene fallas. Usted ha sido asombrosa y maravillosamente creado.

Quizá ha atravesado situaciones injustas. La gente ha dicho cosas de usted que no tenían por qué decirlas. Usted podría sentirse mal, tener baja autoestima, bajo valor propio. Pero nunca permita que lo que alguien dijo o lo que alguien hizo le impida saber quién es usted

> *Usted no está defectuoso. No tiene fallas. Usted ha sido asombrosa y maravillosamente creado.*

en realidad. Usted es un hijo del Dios altísimo. Por sus venas fluye sangre de realeza. Dios le ha coronado con su favor. La gente podría tratar de humillarlo y hacerle sentir insignificante, pero eso no cambia lo que usted es. Aún es la niña de los ojos de Dios. Aún es su más preciada posesión. Dios todavía tiene un futuro maravilloso frente a usted. Si usted usara esa tecla "eliminar" y se librara de toda atadura, Dios tomará lo que tenía la intención de dañarlo y lo usará para su provecho. El salmista dijo: "Aun si mi padre y mi madre me dejaren, Dios me adoptará como su propio hijo".

LA BATALLA SE LLEVA A CABO EN SU MENTE

Conozco a una dama que tenía problemas con el sentido de valor propio. Mientras crecía, nunca sintió que era lo suficientemente buena ni tuvo sentido de pertenencia. Estas inseguridades brotaron de ser una hija nacida fuera de matrimonio. Su madre y su padre no estaban casados. Un día, siendo una niña pequeña, vio su certificado de nacimiento y notó que la casilla "ilegítima" estaba marcada. Esa frase llegó a incrustarse en su mente. Durante toda su infancia y años de adolescencia, cada vez que intentaba avanzar, esas palabras venían a su mente una vez más. "Eres un error. Nadie te quería siquiera. No vales nada". Ella creyó las mentiras, lo cual afectó dramáticamente su personalidad, su actitud y hasta su matrimonio.

Un día, descubrió que nuestro valor no proviene de la gente; proviene de Dios todopoderoso. Ella dijo: "Fue como si algo me explotara por dentro". Decidió empezar a usar la tecla "eliminar". Cuando llegaban pensamientos que le decían: *No vales nada. No tienes futuro,* en lugar de enfocarse en ellos y permitirles que la deprimieran, ella reprogramó su programación. "Yo no soy un error. No soy un accidente. Dios me escogió para estar aquí antes de la fundación del mundo. Soy aceptada. Soy aprobada. Soy valiosa". Su actitud fue: *No importa lo que diga mi certificado de nacimiento, yo sé que soy legítima. Dios ya sopló su vida en mí.* Hoy, ahora que piensa mejor, está viviendo una vida bendecida, libre y confiada.

Asegúrese de que no haya fortalezas en su mente que le retengan. He aprendido que cada vez que tratamos de avanzar en fe, siempre habrá personas tratando de contaminar nuestra programación. Quizá no lo hagan a propósito, pero le dirán lo que no puede hacer y por qué no va a funcionar. "Mi primo lo intentó y falló". "Mi abuela murió de esa misma enfermedad". Las voces negativas aparecerán de la nada; pero recuerde: Dios no puso la promesa en ellas. Dios puso la promesa en usted. No permita que lo que la gente diga le impida alcanzar su destino.

Esa es la razón por la que empezamos cada mensaje diciendo: "Yo soy quien Dios dice que soy". En efecto, lo que decimos es: "No soy quien mi maestro de historia dice que soy. No soy quien mi excónyuge dice que soy. No soy quien los críticos dicen que soy. Yo soy quien Dios dice que soy". Me gusta llevarlo un paso más allá. "No solo soy quien Dios dice que soy, sino que puedo hacer todo lo que Dios dice que puedo hacer". Eso significa que sabemos que hemos sido programados para el triunfo. Hemos sido programados para reinar en la vida. Hemos sido programados para superar obstáculos. Alcanzaremos nuestros sueños. Conoceremos a las personas adecuadas. Entraremos a la plenitud de nuestro destino. Cuando piensa de esa manera, ni todas las fuerzas de la obscuridad pueden detenerlo.

La verdadera batalla se lleva a cabo en su mente. Si está vencido en sus pensamientos, ya perdió. Tiene que deshacerse de los virus si quiere vivir mejor. Si volviera a la programación inicial que el Creador instaló en usted, irá a lugares que jamás soñó.

PIENSE EN CÓMO FUE PROGRAMADO

Es interesante cómo los niños pequeños empiezan con tanta emoción por la vida. Tienen sueños grandes. Serán científicos, astronautas, cantantes, maestros, jugadores de béisbol, hasta presidentes. No están intimidados. No hay inseguridad. Creen que pueden hacer cualquier cosa. Eso se debe a que acaban de venir del Creador. Su pensamiento no ha sido contaminado. Ellos aún pueden sentir las semillas de grandeza. Pero, con mucha frecuencia, con el paso del tiempo empiezan a ser reprogramados. Alguien les dice lo que *no pueden* llegar a ser, lo que *no pueden* hacer. Poco a poco su ambiente empieza a encogerse sobre ellos. Un entrenador dice: "No eres lo suficientemente bueno. Eres muy bajo". Su autoestima baja. Ellos ven a alguien más atractivo que está recibiendo todo tipo de atención y empiezan a sentirse inferiores. Todas estas cosas empiezan a distorsionar su pensamiento acerca de quiénes son en realidad. En poco tiempo, en lugar de soñar en grande y creer los pensamientos de probabilidad, piensan: *Nunca lograré nada importante. No tengo tanto talento. Solo soy una persona promedio.*

Cuando nos encontramos atrapados en estas zanjas, sin creer que podemos llegar más alto, necesitamos preguntar: "¿Por qué pienso así? ¿Quién me programó para pensar que soy una persona promedio? ¿Quién me programó para renunciar a mis sueños? ¿Quién me programó para pensar que no puedo bajar de peso, que no puedo romper con esta adicción, que he alcanzado mis límites? ¿De dónde vienen esos pensamientos?" ¿Podría ser que ha aceptado el patrón de pensamientos equivocado debido al ambiente donde fue criado y a

> *¿Podría ser que ha aceptado el patrón de pensamientos equivocado debido al ambiente donde fue criado?*

las personas que le rodeaban? Solamente porque le parezca normal, no significa necesariamente que *es* normal.

A veces, simplemente aprendimos a funcionar en nuestra disfunción. Quizá todas las personas con quienes creció eran negativas, pero no se supone que usted lo sea. La negatividad no es una forma normal de pensamiento. Quizá sus amigos no tuvieron sueños grandes. Ellos no hicieron nada importante en la vida, pero eso no está bien para usted. No es normal. Solo porque los miembros de la familia tenían adicciones y malos hábitos, no cometa el error de pensar que está bien que usted viva de esa manera. Esos son virus que han sido heredados, que continúan infiltrándose en su pensamiento y afectando su vida. Dios lo creó para ir más lejos, para vivir con confianza, para ser libre, para estar sano, ser positivo y feliz. Usted tiene grandeza en su interior. Empiece por reprogramar su pensamiento.

Escuché una historia de una perra de raza pastor alemán que estaba preñada. Un día iba atravesando una calle y la atropelló un carro. Ambas patas traseras se le quebraron, pero ella pudo arrastrarse y regresar a su casa. Al transcurrir algunas semanas, fue recuperándose lentamente. Sus patas sanaron con el tiempo, pero como no fueron tratadas apropiadamente, todo lo que podía hacer era arrastrar sus patas traseras. No podía caminar bien. Sus articulaciones eran disfuncionales. Con el tiempo, tuvo sus cachorros. Parecían sanos y completos, pero varias semanas después, cuando empezaron a caminar, ellos arrastraban sus patas traseras de la misma forma que la madre. El dueño estaba sorprendido. Él pensó que tal vez los cachorros se habían lastimado en el accidente también. Los llevó al veterinario para que los revisara. El doctor descubrió que no había nada malo con las patas traseras. Estaban perfectamente sanos. Los cachorros, sencillamente, estaban imitando a su madre. Eso era todo el ejemplo que se les había dado. En su mente, esa era la forma en que debían caminar.

Eso nos ha sucedido a muchos de nosotros, imitamos los ejemplos que vimos durante nuestro crecimiento. Las personas que nos criaron eran buenas. Hacían lo mejor que podían, pero, en cierto modo, ellos estaban arrastrando sus patas traseras. Eran negativos, estaban desanimados. Ahora, nosotros vivimos de manera negativa y desanimada. Ellos tenían adicciones y baja autoestima. Ahora, nosotros luchamos en esas mismas áreas. Quizá tomaron malas decisiones en sus relaciones y se involucraron con las personas equivocadas. Ahora, nosotros estamos lidiando con las mismas situaciones. Los vimos aceptar la mediocridad. La mediocridad se ha vuelto normal para nosotros.

La buena noticia es que, al igual que esos cachorros, no hay nada de malo con las patas traseras. Esos son solamente patrones de pensamiento equivocados que ha desarrollado. Cuando usted enderece su pensamiento, sus patas se enderezarán. Dios no lo hizo defectuoso. No lo creó inferior al promedio. Él lo creó a su imagen. Usted es su obra maestra, coronada con favor, equipada con talento y dones. Está destinado a tener una vida sana, abundante, feliz y llena de fe. No ande arrastrando sus patas traseras. No se supone que vaya por la vida sintiéndose inferior, oprimido por la baja autoestima, siendo adicto, teniendo objetivos y sueños pequeños. Ese no es usted. Empiece a reprogramar su mente como cabeza y no cola. Prográmela con excelencia, no con mediocridad. Prográmela con abundancia, no con escasez ni pobreza. Prográmela con libertad, no con adicciones.

LAS FORTALEZAS SE DERRUMBAN

Esto es lo que hizo mi padre. Creció en un ambiente muy pobre. Sus padres lo perdieron todo durante la Gran Depresión. No tenía dinero, tenía una educación pobre y no tenía futuro del cual hablar. Había sido programado con pobreza, derrota y mediocridad. Eso era todo lo que había visto. Pudo haberse conformado y vivido allí, pensando: *Esto me tocó en la vida. Somos simplemente gente pobre y derrotada.* Pero cuando tenía siete años, cuando le entregó su vida a Cristo, empezó a reprogramar su pensamiento. Profundo, en su interior, algo decía: "Fuiste hecho para algo más que esto. No se supone que luches constantemente para, apenas, pasar la vida". Él podía sentir esas semillas de grandeza en su interior. Su actitud era, *quizá sea aquí donde estoy, pero esto no es quien yo soy. Quizá esté en derrota, pero no estoy derrotado. Soy hijo del Dios altísimo.*

Día tras día, él seguía oprimiendo la tecla "eliminar". Un pensamiento le dijo: *No tienes futuro.* Eliminar. "Dios tiene planes de bien para mí, para darme un futuro y una esperanza"

No tienes dinero. Eliminar. "Soy bendecido. Lo que sea que toque prospera".

Ni siquiera terminaste la escuela. Nunca saldrás de aquí. Es imposible. Eliminar. Eliminar. Eliminar. "Dios está preparando un camino donde yo no veo camino. Él está abriendo puertas que ningún hombre puede cerrar. Está trayendo las personas indicadas a mi camino. Entraré en la plenitud de mi destino".

Él reprogramó su mente con pensamientos de fe, pensamientos de esperanza y pensamientos de triunfo. A medida que su mente progresaba, él salió de esa pobreza y puso un nuevo estándar para nuestra familia.

Quizá usted fue criado en un ambiente limitado. Todo el ejemplo que vio fue conflicto, adicciones, lucha, baja autoestima y mediocridad. No permita que eso defina los límites de su vida. No ande arrastrando sus patas traseras. Dios quiere que vaya más lejos. Empiece a deshacerse de los virus. Use la tecla "eliminar". Un pensamiento le dice: *Has llegado lo más lejos que puedes.* Eliminar. *Nunca te pondrás bien.* Eliminar. *Siempre serás un adicto.* Eliminar. *Esto es lo mejor que se puede.* Eliminar.

Si se vuelve bueno para usar la tecla "eliminar", romperá las ataduras y entrará a la libertad. Saldrá de la escasez y la pobreza y entrará a la abundancia. Saldrá de la mediocridad y entrará a la excelencia. Este es un nuevo día. Las fortalezas se derrumban. Los patrones de pensamiento equivocados se rompen. Los virus son expulsados. Prepárese para que Dios haga algo nuevo. Prepárese para ver su bondad en maneras maravillosas.

DESHÁGASE DE LOS VIRUS

Cuando Carl Lewis estaba entrenando para los Juegos Olímpicos, los expertos dijeron que nadie podía saltar por encima de los nueve metros. Los científicos hicieron sus cálculos, toda su investigación. Según sus datos, nadie podía saltar tan lejos. Un reportero le preguntó a Carl Lewis qué pensaba de eso. Él respondió: "Sí, sé que los expertos dicen que no puede hacerse, pero yo no escucho ese tipo de conversaciones. Pensamientos como ese tienen una manera de meterse en los pies". En ese mismo año, él saltó más de nueve metros y rompió el récord mundial.

¿Está permitiendo que los pensamientos negativos se metan en sus pies, que repriman su potencial, que incapaciten la carrera de su vida? ¿Por qué no hace lo que él hizo? Empiece oprimiendo la tecla "eliminar". Dios tiene la última palabra. Él no habría puesto el sueño en su corazón o le hubiera dado esa promesa si Él no tuviera una manera de hacerla realidad.

> *¿Está permitiendo que los pensamientos negativos se metan en sus pies, que repriman su potencial?*

Elimine lo que la gente negativa le ha dicho.

Elimine las palabras de desánimo. Elimine los informes negativos. Usted tiene que volver a su programación original. ¿Quién le dijo que no puede tener éxito? ¿Quién le dijo que solo puede ser un estudiante mediocre? ¿Quién le dijo que no es lo suficientemente alto, lo suficientemente listo, que ha llegado a su límite? Puedo asegurarle que esas palabras no vinieron de su Creador. Esos son virus tratando de contaminar su programación. No permita que lo que alguien le dijo o el ejemplo que alguien le dio limite su vida. Empiece a reprogramar su mente. A lo largo del día, enfóquese en lo que su Creador dice de usted. "Soy bendecido. Estoy sano. Tengo talento. Soy valioso. Mis mejores días están todavía delante de mí".

Si lo hace, yo creo y declaro que todo virus es expulsado incluso en este momento. Las fortalezas se derrumban. Los patrones de pensamiento equivocados que le han retenido durante años ya no tienen efecto sobre usted. Como se le prometió a Josué, usted tendrá mucho éxito y prosperará en todo lo que haga.

CAPÍTULO DOS

Quite las etiquetas negativas

Cuando era adolescente, un editor de un periódico le dijo a Walt Disney que no era creativo ni tenía buena imaginación. A Lucille Ball le dijeron que no tenía habilidades de actuación, que debería probar una profesión diferente. A Winston Churchill no lo consideraron un buen estudiante y falló dos veces el examen de admisión a la *Royal Military College Sandhurst*. El denominador común en el éxito de estas personas es que optaron por quitar las etiquetas negativas. Como ellos pensaron mejor que lo que otros decían, vivieron muchísimo mejor de lo que decían las etiquetas.

Hoy día es igual. Las personas están constantemente poniéndonos etiquetas, diciéndonos lo que podemos y no podemos llegar a ser, lo que tenemos y no tenemos. Muchas veces, estas etiquetas no están de acuerdo con lo que Dios dice acerca de nosotros; y si no sabemos bien lo que somos, las llevaríamos puestas como si fueran verdad. Lo triste es que, si las mantenemos puestas por suficiente tiempo, llegarán a estar tan incrustadas en nuestro pensamiento que nos volveremos lo que la gente ha dicho en lugar de lo que Dios ha dicho.

Conocí a un caballero a quien su consejero escolar le dijo que no era tan talentoso y que debería concentrarse en el trabajo de más baja capacidad

> *Las personas están constantemente poniéndonos etiquetas, diciéndonos lo que podemos y no podemos llegar a ser.*

que pudiera encontrar. El consejero impuso esa etiqueta en él: "inferior al promedio, apenas capaz, sin talento". Él portó esa etiqueta un año tras otro pensando: *No soy tan inteligente. No tengo las capacidades.* Después del bachillerato, obtuvo un empleo en una fábrica local y se mantuvo en los niveles más bajos durante años, tal como le habían dicho. Un día, la fábrica cerró. Así que se fue al otro lado del pueblo y solicitó trabajo en otra fábrica. Esta empresa tenía la política que todo candidato debía tomar un examen de coeficiencia intelectual. Él completó el examen y su punteo fue catalogado a nivel de genio. El dueño lo llamó y le dijo: "¿Qué hace solicitando este cargo de bajo nivel? Sus calificaciones son las más altas de toda nuestra empresa en nuestros sesenta y tres años de historia". Ese día fue rota una fortaleza en la mente de este hombre. Él quitó la etiqueta que había llevado durante diecisiete años. Con el tiempo, inició su propia empresa e inventó varios productos que ahora están patentados y disponibles en el mercado.

Así como este hombre, si usted va a ir al siguiente nivel, tiene que quitar cualquier etiqueta negativa que se lo esté impidiendo. Para vivir mejor, necesita pensar mejor. ¿Le ha convencido alguien de que ha llegado a su límite, que ha llegado lo más lejos que puede? ¿O de que ha cometido demasiados errores? "Estás acabado". "Nunca lograrás tus sueños". "No tienes los recursos". No ande por la vida portando ninguna de esas etiquetas.

La gente no determina nuestro destino; Dios sí.

LAS ETIQUETAS SON COMO LA MALA HIERBA

Cuando mi padre pasó a la presencia del Señor en 1999, yo asumí el cargo de pastor en la iglesia. Nunca antes había ministrado. Un domingo, después del servicio, escuché sin querer a dos damas hablando en el vestíbulo. Una dijo: "Joel no es tan bueno como su padre".

La otra respondió: "Sí, no creo que la iglesia dure".

Yo ya me sentía inseguro. Ya sentía que no estaba calificado, y *¡zaz!*, me colocaron otra etiqueta negativa. "No es lo suficientemente bueno. No se asemeja. Inferior". Así es como obra el enemigo. A él le encantaría ponerle etiquetas para limitar su pensamiento y evitar que alcance su más alto potencial. Él no se enfrenta con usted en el lugar donde está. Él lo hace desde el punto a donde usted se dirige. Él sabe que Dios tiene cosas maravillosas para su futuro, de manera que intentará desanimarle, intimidarle y hacerle sentir inferior.

Las palabras son como semillas. Si se permanece en ellas lo suficiente, echarán raíz y usted llegará a ser lo que fue dicho.

Traté de quitar esa etiqueta negativa, pero no fue fácil. Esos pensamientos sonaban en mi mente una y otra vez. "No tienes la capacidad. No eres tan bueno como tu padre". Era como tratar de quitar una calcomanía del parachoques de un automóvil que ha estado pegada por mucho tiempo. Uno la jala, y se rasga. Tiene que continuar trabajando y trabajando. Luché contra esos pensamientos un día tras otro. Finalmente, quité esa etiqueta negativa y puse una nueva: "Todo lo puedo en Cristo. Mi fortaleza es el Señor. Soy ungido".

Si hubiera cometido el error de portar esa etiqueta negativa, no creo que estaría donde estoy. Las etiquetas erróneas pueden impedirle alcanzar su destino. No pase los próximos veinte años permitiendo que los comentarios negativos lo detengan. Usted no es lo que la gente dice. Usted es lo que Dios dice que es. La gente le etiquetará: "No es lo suficientemente bueno, muy lento, muy viejo, demasiados errores". Dios le etiqueta: "Fuerte, talentoso, valioso, más que vencedor". Esos pensamientos son los que le ayudarán a vivir mejor.

¿Hay etiquetas que lo estén deteniendo? ¿Lo que dijo un entrenador? ¿Lo que dijo un consejero? ¿Hasta los comentarios negativos de sus padres? El único poder que esa etiqueta tiene sobre usted es el poder que usted le dé. Si la quita, deje de pensar en ella,

> *El único poder que esa etiqueta tiene sobre usted es el poder que usted le dé.*

deje de comportarse como si fuera la verdad, entonces esa etiqueta no tendrá poder sobre usted.

Esas dos damas dijeron que la iglesia no duraría

y que yo no tenía el talento. Sin embargo, ellas no pudieron detener mi destino. Ellas no pudieron detener lo que Dios ya había ordenado. La única manera en que ellas podrían haberme limitado es si yo hubiera llevado su etiqueta negativa por todas partes.

La verdadera batalla se lleva a cabo en su mente

Un hombre me contó cómo, sin querer, había escuchado a su maestra de los primeros años de bachillerato, decirle a su mamá que él tenía problemas de aprendizaje. Durante treinta años, llevó esa etiqueta por todas partes y nunca obtuvo un buen trabajo, nunca triunfó verdaderamente. Él, sencillamente, trastabillaba por la vida bajo el peso de ese pensamiento negativo. Un día, le dije lo que ahora le digo a usted. "Tiene que quitar esa etiqueta. Quizá su maestra haya sido sincera. Posiblemente hizo una evaluación basada en lo que usted era en ese momento, pero ella no sabía lo que Dios puso en usted. Si va a llegar a ser aquello para lo que fue creado, tiene que decir: 'No, gracias. Nunca más me podré esa etiqueta de problemas de aprendizaje. Esa pudo haber sido la opinión de ella, pero yo tengo otra opinión. Es la de mi Creador, y Él dice que yo tengo la mente de Cristo, estoy lleno de sabiduría y puedo cumplir mi destino'".

No permita que las etiquetas negativas lo detengan.

Una vez, hablé con una estudiante de bachillerato. Ella estaba a punto de presentarse a sus exámenes finales. Me preguntó: "Joel, ¿podría orar para que Dios me ayude a obtener la nota promedio para ganar esos exámenes?"

"¿Por qué queremos orar por nota promedio y no por la nota sobresaliente?", respondí.

"¡Oh no, Joel!", exclamó. "Mi consejero del bachillerato me dijo que solo soy una estudiante promedio".

Ella no sabía nada más. Alguien le trabó esa etiqueta. La estaba llevando por todas partes como si fuera la verdad.

¿Alguna vez ha pensado que el mismo Dios quien puede ayudarle a alcanzar la nota promedio, puede ayudarle a lograr la nota sobresaliente? ¿Por qué no se quita esa etiqueta? El mismo Dios que puede ayudarle a pasarla en la vida, puede ayudarle a triunfar en ella. El mismo Dios que puede darle un apartamento, puede darle una casa hermosa.

¿Necesita quitarse algunas etiquetas? La etiqueta "divorciado", *nunca conoceré a nuevas personas*. La etiqueta, "gordo", *nunca me pondré en forma*. La etiqueta "adicto", *nunca romperé los malos hábitos*. Cualquiera que sea la etiqueta que lleva, se convertirá en lo que ella diga. Le está dando a ese pensamiento el poder para moldear y controlar su forma de vivir.

> *Cualquiera que sea la etiqueta que lleva, se convertirá en lo que ella diga.*

Es por eso que algunas personas no pueden romper una adicción. Llevan puesta la etiqueta "adicto". La verdadera batalla se lleva a cabo en su mente. Si usted piensa que es un adicto, vivirá como un adicto. Tiene que cambiar la etiqueta. Dios dice que usted es libre, que está limpio. Es sano. Está completo. No pase los próximos veinte años usando la etiqueta "adicto". Póngase algunas etiquetas nuevas hoy.

Quite cualquier etiqueta que le esté deteniendo

Un joven me dijo que él era el principal traficante de droga de su vecindario. Fue sincero. Él no estaba orgulloso de eso. Sin rodeos me dijo: "Joel, sé que esto no está bien. No me gusta hacerlo, pero es lo único para lo que soy bueno". Él portaba esa etiqueta de "traficante". Era todo lo que pensaba que podía ser.

Le dije: "Si puedes vender drogas, puedes vender suministros médicos. Si puedes vender drogas, puedes vender acciones y bonos. Piénsalo. Para vender drogas tienes que darte a conocer. Eso es anunciarse. Tienes que administrar tu inventario. Eso es administración. Tienes que cuidar a tus clientes. Eso es servicio al cliente. No te subestimes. Quítate cualquier etiqueta que te esté deteniendo".

Permítame preguntarle quién le dijo que todo lo que podía hacer es vender drogas. ¿Algún tipo en la esquina de una calle? Eso no es cierto. ¿Quién le dijo que todo lo que podía lograr en la escuela era notas promedio y no sobresalientes? ¿Un consejero? Ellos no sabían lo que Dios puso en usted. ¿Quién le dijo que nunca podría tener éxito, y que no sería tan bueno como su padre? ¿Dos damas en el vestíbulo? Ellas no pueden determinar su destino. ¿Quién le dijo que nunca tendría una casa bonita, que nunca se casaría, que no alcanzaría sus sueños? Esas etiquetas no vienen de su Creador.

Solo porque alguien pronunció esas etiquetas sobre usted, no significa que sean ciertas. Usted tiene el poder de quitar esas etiquetas negativas. Las ha estado llevando durante demasiado tiempo. Quite la etiqueta que dice: "Nunca irá a la universidad; nadie de su familia lo ha logrado". Usted puede ser el primero. "Usted nunca saldrá de ese vecindario; todo está en su contra". Eso es lo que le dijeron a mi padre. Él se quitó la etiqueta. Cambió su pensamiento y cambió su vida por completo. Dios lo llevó a lugares a donde él nunca soñó ir. "Usted nunca se pondrá bien; esa enfermedad es terminal". Eso le dijeron a mi madre. Ella se quitó esa etiqueta. Treinta y cinco años después, aún está sana y fuerte.

Usted sirve a un Dios sobrenatural. Él puede hacer lo que la medicina no. Él no está limitado por su educación, sus antecedentes o la familia de donde proviene. A Él no lo mueven las cosas que la gente ha dicho de usted. Él no está en el cielo tratando frenéticamente de descubrir cómo llevarlo a su destino. Él conoce el final desde el principio. Él ya tiene la solución a los problemas que usted ni siquiera tiene aún. Él es todopoderoso y lo sabe todo.

Quizá la gente haya tratado de humillarlo con etiquetas, pero si usted solo se quitara esas etiquetas y se pusiera de acuerdo con Dios, Él lo levantaría. Él lo llevará a donde no puede llegar por sí mismo. Usted no tiene que resolverlo todo. Todo lo que Dios le pide es que crea. Cuando cree, todo es posible. Cuando cree, se abrirán las puertas que tal vez nunca se habrían abierto. Cuando cree lo mejor,

Dios le llevará de atrás hacia adelante. No permita que las etiquetas negativas lo retengan.

La gente le dirá: "Estás acabado. Has cometido demasiados errores". Si usted la porta, esa etiqueta le impedirá alcanzar el futuro maravilloso que Dios tiene reservado para usted. Dios dice: "Mi misericordia es más grande que cualquier error". Dios dice: "Todavía te llevaré a tu destino". Dios dice: "Te daré belleza por cenizas. Yo pagaré el doble por las cosas injustas que han sucedido". Usted no estaría vivo si no fuera porque Dios tiene otra victoria en su futuro. ¿Por qué no se quita la etiqueta "acabado"? Quítese las etiquetas: "perdedor", "culpable", "condenado" y póngase estas nuevas etiquetas: "redimido", "restaurado", "perdonado", "futuro brillante", "nuevo comienzo".

Usted tiene un futuro maravilloso

Hubo una joven en la Escritura llamada Rahab. Ella era prostituta. Había tomado muchas malas decisiones en su vida. Estoy seguro que mucha gente la había anulado y la consideraban una escoria de la sociedad. No es de admirarse que llevara las etiquetas: "fracasada, rechazada, sin valor, sin futuro". Es fácil pensar que Dios seguramente no tendría etiquetas diferentes para que ella usara; había cometido demasiados errores. Pero Dios no se cansa de nosotros.

Un día, José y los israelitas estaban por atacar la ciudad de Jericó que es donde vivía Rahab. Josué envió a dos espías a conocer la tierra. La noticia de que habían entrado espías a la ciudad llegó al rey. Ahora los enviados estaban en gran riesgo. De todas las personas que Dios pudo haber usado para proteger a su pueblo, Él escogió a Rahab. Arriesgando su propia vida, Rahab recibió a los hombres en su casa y los escondió. Cuando las fuerzas de seguridad llegaron a buscar a los espías, ella los encubrió y les dijo a los hombres del rey que habían dejado la ciudad antes del anochecer y que si se apresuraban los podrían atrapar.

Los dos espías le dijeron a Rahab: "Vamos a destrozar toda la ciudad, pero debido a que honraste a Dios al mostrarnos favor, no te haremos daño a ti ni a todo el que esté en esta casa". Cuando la ciudad de Jericó fue conquistada, Rahab y su familia eran los únicos que se salvaron. Lo interesante es que Rahab llegó a casarse con un hombre judío llamado Salmón, y tuvieron un hijo llamado Booz. Booz se casó con Rut, y ellos tuvieron un hijo llamado Obed. Obed se casó y tuvo un hijo llamado

Isaí. Isaí se casó y tuvo un hijo llamado David. Eso significa que Rahab, la que fue prostituta, está en el linaje de Jesucristo.

¿Qué es lo que digo? Usted no es como la gente lo etiqueta. Dios es quien lo etiqueta. La gente etiquetó a Rahab como: "rechazada, fracasada, inservible". Dios la etiquetó como "escogida, restaurada, valiosa, obra maestra". Cuando eso entró en su pensamiento, todo en su vida cambió para mejor. Quizá usted haya cometido errores, pero necesita quitarse las etiquetas erróneas. Deje de pensar en lo que la gente ha dicho de usted. "Nunca logrará nada. Está perdido". "Ella nunca tendrá una posición de influencia. Yo sé lo que ella solía hacer". "Él nunca alcanzará sus sueños. No proviene de la familia adecuada". No crea esas mentiras. Dios tiene cosas maravillosas planeadas para su futuro.

Quizá haya estado llevando esas mismas etiquetas que le pusieron a Rahab: "perdida, hundida, no es lo suficientemente religiosa". A Dios le encanta tomar a personas como usted y derramar su misericordia y favor en maneras que nunca imaginó. Pero todo empieza en su pensamiento. Tiene que quitar las etiquetas negativas. Dejar de decirse a sí mismo: "Estoy acabado. He cometido demasiados errores. No tengo talento. No soy atractivo". Póngase esta nueva etiqueta: "Soy restaurado, redimido, ungido, estoy equipado y facultado".

La gente le dirá: "Eres muy pequeño". "Eres muy callado". "No tienes una buena personalidad". "No provienes de la familia adecuada". No se atreva a andar por la vida llevando esas etiquetas. Usted ha sido creado a la imagen del Dios todopoderoso. Dios no comete errores. Usted tiene el tamaño perfecto. Tiene la personalidad correcta, los dones adecuados, la apariencia adecuada y el color de piel adecuado. En Salmos dice que usted ha sido: "asombrosa y maravillosamente creado". No es un accidente. Dios lo diseñó de manera precisa para la carrera que Él puso delante de usted. Quítese las etiquetas: "muy grande", "muy bajo" y "feo". Póngase esta nueva etiqueta: "Asombrosa y maravillosamente creado".

> *Tiene la personalidad correcta, los dones adecuados, la apariencia adecuada y el color de piel adecuado.*

Usted es una obra maestra

Durante mi etapa de crecimiento, fui muy pequeño. Crecí doce centímetros después del bachillerato. Cuando jugué básquetbol, hubo un tiempo en que prácticamente era 25 centímetros más bajo que mis compañeros de equipo. De alguna manera obtuve el apodo de "Maní". A donde fuera, eso era todo lo que oía. "¡Hola, Maní!". "Buenos días, Maní". Durante los partidos de básquetbol, frente a todo el bachillerato, escuchaba: "¡Vamos, Maní!", "¡Vamos!". Hasta las porristas tenían una porra: "S" grande. "i" pequeña. ¡Sí! ¡Sí! Yo era la "i" pequeña. Nadie lo decía de manera despectiva. Lo decían solo por diversión. Sin embargo, debo admitir que no ayudó a mi autoestima. Cada vez que lo escuchaba, me recordaba lo que no era. "No soy tan alto como todos los demás. Estoy debajo del promedio. No soy adecuado". Dejé que esa etiqueta se me pegara, y me volví menos y menos extrovertido, más callado, más reservado, todo debido a esa etiqueta que permití que otras personas me pusieran.

Un día, hice lo que le pido que haga. Me arranqué la etiqueta. Dios me hizo tal como soy con un propósito. Quizá sea bajo de estatura, pero sé que la dinamita viene en paquetes pequeños. De la misma manera, usted no es muy alto, muy bajo, muy viejo o muy joven. Dios dice que usted es una obra maestra. Ahora, enderece la espalda, levante su cabeza en alto y lleve esta etiqueta con orgullo: "Hijo del Dios altísimo".

Hoy día, en nuestras escuelas hay mucho acoso.

Un padre me contó cómo su hijo de diez años estaba recibiendo burlas porque él tiene avidez para aprender. Él siempre está leyendo libros y recibiendo cursos adicionales. Aun durante el recreo, cuando los demás niños están afuera, jugando, él que sienta en una mesa y trabaja en su libro de matemáticas. Los otros niños constantemente lo molestaban y le ponían diferentes apodos. Sin embargo, si trabaja duro, estudia duro, tiene buenas notas y se mantiene en el camino derecho, no debería preocuparse cuando la gente lo llame "nerdo", "sabelotodo" o "ratón de biblioteca". ¿Por qué? Porque en unos años ellos le dirán "Jefe". No estarán hablando de usted; estarán trabajando para usted. No permita que su etiqueta le impida llegar a ser todo lo que Dios quiere que sea.

Una de las etiquetas que muchísimas personas llevan es la "promedio". Ellos dicen "sencillamente, soy común". Ha habido personas que me han dicho: "Joel, no hay nada de especial en mí. Solo soy uno de los seis mil millones de personas sobre la tierra".

Usted nunca fue creado para llevar una vida promedio. Tiene semillas de grandeza en su interior. Fue creado para hacer historia. No se supone que viva y muera sin que nadie sepa que estuvo aquí. Fue creado para dejar huella en esta generación.

Dios tiene una tarea para usted que nadie más puede cumplir. Dios lo necesita. Él necesita sus dones, su sonrisa, su amor, su pasión. Usted es parte de su plan divino. Tiene algo que ofrecer que nadie más puede ofrecer. Nadie más tiene exactamente su personalidad, su apariencia. Hay algo único acerca de usted. No lleve puesta la etiqueta "promedio". Si cree que es promedio, será promedio. Si cree que es común, llevará una vida ordinaria, pasadera y nunca hará nada grande.

> *Usted nunca fue creado para llevar una vida promedio. Tiene semillas de grandeza en su interior.*

Lo cierto es que no hay nada de ordinario en usted. Tiene las huellas digitales de Dios por todas partes. El Creador del universo sopló su vida en usted. Él lo coronó con su favor. Tiene sangre de realeza fluyendo por sus venas. Tiene un destino que cumplir, algo más grande de lo que usted jamás imaginó. Pero si va a suceder, si va a llegar a ser todo lo que Dios quiere para usted, una de las primeras cosas que tendrá que hacer es quitarse la etiqueta "promedio", arranque la etiqueta "común". Póngase estas nuevas etiquetas: "obra maestra", "valioso", "único".

EXTERMINADOR DE GIGANTES

Cuando el profeta Samuel llegó a ungir a uno de los hijos de Isaí para que fuera el próximo rey de Israel, Isaí ni siquiera se molestó en traer a su hijo más joven, David, de los campos donde apacentaba a las ovejas. Isaí pensó: *yo sé que no es David. Es muy pequeño, muy joven, no tiene mucho talento y no es tan listo como sus hermanos*. David tenía todas esas etiquetas negativas que le puso su propio padre.

Cuando Samuel vio a Eliab, el hermano mayor de David, estaba muy impresionado con su apariencia externa, pero el Señor le dijo: "No es él". Seis hijos más de Isaí pasaron y Samuel dijo: "Este no. Este no. Este no". Samuel finalmente llegó al final de la fila y, entonces, le preguntó a Isaí: "¿Tienes más hijos? No es ninguno de estos".

"Sí", respondió Isaí, asintiendo con su cabeza. Mi hijo más joven, David, está pastoreando en los campos, pero yo sé que no es él".

Dios no etiqueta a las personas como lo hace la gente. La gente generalmente mira lo externo, pero Dios ve el corazón. Dios sabe de lo que usted es capaz. Dios puede ver las semillas de grandeza que Él ha colocado en usted. Es tan fácil permitir que lo que alguien dijo de nosotros nos impida creer verdaderamente en nosotros mismos.

David entró. Samuel lo vio y dijo: "Él es. Ese es el próximo rey de Israel". Justo allí y en ese momento, David tenía que tomar la decisión que le pido a usted que tome. Él tenía que arrancarse las etiquetas negativas. Él las había escuchado miles de veces: "muy joven, muy pequeño, no tiene la capacidad".

Lo interesante es que los hermanos de David, a pesar de haber visto a Samuel ungir a David como el futuro rey, todavía trataron de ponerle etiquetas negativas. Luego, cuando David se fue al campo para visitar a sus hermanos donde el ejército se había reunido para pelear a los filisteos, su hermano mayor, Eliab, dijo: "David, ¿qué haces aquí, y con quién has dejado las pocas ovejas que se supone deberías estar cuidando?". ¿Qué estaba haciendo Eliab? Poniéndole una etiqueta: "inferior, no eres lo suficientemente bueno, irresponsable, intimidado".

David pudo haber dicho: "Sí, tienes razón. ¿Qué estaría pensando? Debo regresar con las ovejas". David pudo haber aceptado esas antiguas etiquetas y permitir que lo retuvieran, pero esta vez David tenía una actitud diferente. Él dijo: "Eliab, lo que digas acerca de mí no cambia lo que Dios dice de mí. Tú sigues etiquetándome como 'débil, fracasado e inferior'. No te das cuenta de que me he deshecho de esas etiquetas y que el Creador del universo, el Dios que sopló vida en mí, me ha colocado nuevas etiquetas: 'exterminador de gigantes, más que vencedor, destinado para grandeza, rey de Israel'".

Quizá le hayan dicho cosas negativas, aun personas que deberían animarle. Me encanta lo que dice Isaías: "Nadie ha hecho un arma capaz de destruirte; Israel, tú harás callar a todo lo que te acuse". Eso significa toda etiqueta negativa. Observe, Dios no lo va a hacer. Usted los hará callar. Es decir, tiene que quitar la etiqueta negativa. Nada de lo que se ha dicho de usted debe definirlo, aun si fue dicho por personas que le criaron o crecieron en el mismo hogar que usted. Nada que haya sucedido en su pasado tiene que impedirle alcanzar su destino. Aun si ha cometido errores o atravesado situaciones injustas, usted puede hacer callar las

> *Nada de lo que se ha dicho de usted debe definirlo.*

cosas negativas sacudiéndose la autocompasión y siguiendo adelante con su vida.

¿Se atrevería a hacer lo que hizo David para quitarse las etiquetas negativas? Deje de pensar en lo que su mamá dijo, lo que dijo su hermana envidiosa, lo que dijo su compañero de trabajo amargado o lo que dijo un vecino cínico. Usted no es lo que la gente dice que es. Usted es lo que Dios dice que es. Ellos no pueden detener su destino. Quite las antiguas etiquetas. Le daré nuevas etiquetas para ponerse: "exterminador de gigantes", "hacedor de historia", "innovador".

LA PROMESA ESTÁ EN USTED

Mi amigo, Dale Brown, el legendario entrenador del equipo de basquetbol de la Universidad Estatal de Luisiana (LSU, por sus siglas en inglés), me contó sobre una vez que le habló a un grupo de soldados en una base militar en California. Cuando terminó, un joven se le acercó, medía cerca de dos metros de alto y pesaba doscientas cincuenta libras.

"Entrenador Brown", dijo el joven, "quiero hacer las pruebas para entrar al equipo de basquetbol, pero no puedo meter la pelota de un solo salto. Apenas puedo saltar. Cuando corro de un lado a otro de la cancha, mis piernas se cansan rápido y solo puedo jugar un par de minutos".

"¿Cuánto tiempo has estado en el ejército, hijo?", le preguntó el entrenador Brown, mirándolo desde la cabeza hasta los pies y notando sus zapatos talla diecisiete.

"Yo no estoy en el ejército, entrenador, es mi papá. Tengo trece años".

De inmediato, el entrenador Brown decidió tomar a este joven bajo su cuidado. Le dijo: "Cuando regrese a Luisiana, te voy a enviar mi programa de entrenamiento. Eso te ayudará a fortalecer tus piernas y aumentar tu resistencia".

Tres meses después, recibió una carta del joven que decía: "Entrenador Brown, he hecho todo lo que me mandó hacer, pasé horas entrenando en el gimnasio y en el área de pesas. Sin embargo, mi entrenador de basquetbol me sacó del equipo. Me dijo que soy muy grande, muy lento, muy torpe, que nunca podré jugar basquetbol". Solo etiquetas negativas sobre él.

El entrenador Brown respondió la carta y dijo al respecto: "Hijo, si sigues entrenando, si sigues siendo lo mejor que puedes cada día, y continúas pidiéndole a Dios que te ayude, Él te llevará a donde debes estar".

El joven tenía que tomar una decisión. "¿Voy a portar estas etiquetas negativas a lo largo de mi vida? 'Muy grande'. 'Muy lento'. 'Muy torpe'. ¿O voy a procurar el sueño que Dios ha puesto en mi corazón? ¿Voy a pensar mejor y a vivir mejor? ¿Voy a creer que soy un exterminador de gigantes y que todo lo puedo en Cristo?". Él decidió quitar las etiquetas negativas.

El joven, Shaquille O'Neal, terminó asistiendo a LSU y jugando basquetbol universitario para el entrenador Brown, donde rompió todos los récords y llegó a ser uno de los más grandes jugadores de basquetbol que jamás haya existido. Hoy día, hay una estatua de bronce de Shaquille, el chico torpe que apenas podía saltar, metiendo la pelota de un salto en la canasta frente al edificio de práctica de basquetbol de los LSU Tigers. Me pregunto dónde estaría él ahora si hubiera creído las etiquetas negativas, si hubiera pensado: *Mi entrenador tiene razón. Creo que soy muy grande, muy lento, muy torpe.* Hoy no estaríamos hablando de su carrera de diecinueve años en la NBA.

¿Le ha dicho alguien que usted no puede alcanzar sus sueños? Así como las dos damas en el vestíbulo que dijeron: "No tiene talento. No es como su padre. No tiene la experiencia". Dios no puso la promesa en ellas. Él la puso en mí. A lo largo de la vida, siempre habrá voces negativas tratando de etiquetarlo, pero Dios no le habría dado un sueño a menos que Él ya lo hubiera equipado para cumplirlo. Usted ya tiene lo que necesita. Lo que hoy podría parecer una limitación, muy alto, muy bajo, Dios puede usarlo como una ventaja. Dios sabe lo que hace. Él lo ha diseñado específicamente para la carrera en la que se encuentra.

Podría sentir, al igual que Shaquille, que ha sido separado del equipo. Los expertos le han dicho lo que no puede hacer, lo que no tiene. Esto es lo que yo he aprendido. Los expertos pueden equivocarse. Fueron expertos los que construyeron el *Titanic*, y se hundió. Los que construyeron el Arca eran novatos y flotó. Los expertos dijeron que nunca tendríamos nuestras instalaciones en lo que antes era el *Compaq Center*, pero ahora es nuestro hogar. Los expertos dijeron que mi padre nunca saldría de la pobreza, pero lo hizo. Los expertos dijeron que mi madre no estaría viva ahora, pero lo está. Los expertos dijeron que David era muy pequeño, pero Dios dijo que tenía el tamaño correcto. Los expertos dijeron que yo no podía pastorear una iglesia grande, que no tenía la experiencia, pero estaban equivocados.

> *Fueron expertos los que construyeron el* Titanic, *y se hundió. Los que construyeron el Arca eran novatos y flotó.*

Usted tiene un nuevo nombre

En la Escritura, una dama llamada Raquel murió mientras daba a luz a su segundo hijo. Hubo dificultades y complicaciones en el trabajo de parto y el alumbramiento, muchísimo dolor y agonía. Justo antes de morir, mientras daba a luz, ella nombró al niño Ben-oni, que significa "hijo de mi dolor". Lo etiquetó según lo que ella había experimentado. Ahora, este niñito iba a vivir siendo llamado "hijo de mi dolor".

A veces, las personas le pondrán etiquetas a usted no por algo que usted haya hecho, sino por el dolor y la angustia que ellos han experimentado. La gente herida acaba hiriendo a otra gente. La gente amargada es pronta para poner etiquetas negativas en los demás.

Unos minutos después de que Raquel había muerto, su esposo, Jacob entró apresuradamente. La enfermera sostenía al niño y se lo entregó a Jacob diciendo: "Este es tu hijo, Ben-oni, hijo de mi dolor".

Cuando Jacob escuchó eso, algo vino sobre él. Se puso de pie y dijo: "No, ese no es su nombre. No importa lo que él haya atravesado en el pasado, mi hijo no será llamado 'hijo de dolor'. Su nombre será

Benjamín, que significa 'hijo de fortaleza, hijo de poder, hijo de mi diestra'".

Benjamín creció para convertirse en un gran líder. De su linaje salieron los reyes de Israel, uno tras otro. Dios tenía un gran destino para Benjamín, y sabía que, si él vivía portando esa etiqueta, "hijo de mi dolor", él nunca podría llegar a ser aquello para lo que Dios lo creo. Dios se pronunció y dijo: "No, no. Él no va a portar esa etiqueta. Él no es un hijo de dolor, un hijo de fracaso, un hijo de decepción. Benjamín es hijo de destino. Este niño tiene semillas de grandeza. Su nombre será Hijo de fortaleza". Dios sabe cuán poderosas son las etiquetas.

Quizá alguien ha intentado etiquetarlo como promedio, con problemas de aprendizaje, sin talento, quien comete demasiados errores. Dios le dice lo mismo que le dijo al pequeño Benjamín: "Estoy cambiando tu nombre. Estoy poniendo una nueva etiqueta en ti. No más Hijo de dolor. No más Hija de mediocridad. No más Hijo de sueños rotos. El nuevo nombre que te doy es: Hijo de fortaleza, Hija de destino, Hijo de influencia, Hijo de grandeza, Hijo de victoria". De manera que quite las viejas etiquetas y empiece a reconocerse como: Obra maestra, Valioso, Único, Más que vencedor, Innovador. Estas son las etiquetas que debemos portar.

He aprendido que la gente puede llamarle de muchas maneras diferentes, pero usted no es como la gente le llama. Usted es aquello a lo que le hace caso. Si le llaman lento, haragán, muy viejo, desgastado. Está bien. Solo no haga caso. Responda a "triunfador". Responda a "talentoso". Responda a "innovador". Si lo hace, yo creo y declaro que hoy será su momento decisivo. Las ataduras del pasado ya no van a tener impacto en usted. A medida que piense mejor, crecerá y se volverá el hijo o la hija de fortaleza, de influencia, de victoria, de bendición, de favor, de grandeza. Usted vencerá todo obstáculo, vencerá a cada enemigo y llegará a ser todo aquello para lo que Dios lo creó.

CAPÍTULO TRES

Libere todo su potencial

Dentro de cada uno de nosotros hay una persona bendecida, próspera, triunfadora. Esta persona está libre de adicciones y malos hábitos. Esta persona tiene confianza en sí misma y es segura, talentosa y creativa, disciplinada y enfocada. Sin embargo, solo porque esta persona está dentro de usted, no significa que él o ella vaya a salir automáticamente. Esta persona tiene que ser liberada.

El apóstol Pablo nos da el secreto en Romanos 12:2. Él dijo: "transformaos mediante la renovación de vuestra mente". En el lenguaje original, la palabra *transformaos* es

> *Dentro de cada uno de nosotros hay una persona bendecida, próspera, triunfadora.*

metamorfo. Es de donde obtenemos nuestra palabra *metamorfosis*. Sabemos cómo las orugas tienen una metamorfosis para convertirse en mariposas.

Pablo está diciendo que, si usted hace que sus pensamientos vayan en la dirección correcta y sin enfocarse en lo negativo, condenatorio, "incapaz", y programa su mente con lo que Dios dice acerca de usted, entonces la transformación se llevará a cabo. Cuando sus pensamientos sean mejores, su vida será mejor.

Piense en la oruga, esa larva que parece gusano y que empieza como uno de los insectos menos atractivos. Es muy simple, no tiene nada de especial. Sin embargo, Dios lo predestinó para atravesar una transformación. En cierto punto, forma un capullo y la metamorfosis empieza a llevarse a cabo. Es un proceso. Cambia poco a poco. Un día, empieza a salir del capullo. Sale una pata, luego un ala. Pronto, sale su cabeza. No mucho después, está completamente libre del capullo. Se ha transformado de ser uno de los insectos más simples a uno de los más bellos, coloridos y hermosos: una mariposa. En lugar de tener que seguir arrastrándose siempre y retorcerse sobre la tierra, ahora puede volar a donde quiera.

De manera similar, todos nosotros empezamos como gusanos, por así decirlo. Nuestros pensamientos, sin ser reentrenados, gravitan naturalmente hacia lo negativo. Pensamos: *no puedo aceptar ese ascenso. No estoy calificado.* O, *nunca llegaré más alto. No provengo de la familia adecuada.* O, *he cometido demasiados errores. Dios nunca podría bendecirme.* ¿Sabe qué son esos? Pensamientos agusanados. Sin embargo, solo porque empezamos así no significa que se suponga que debemos terminar de esa manera. Dios nos ha predestinado para atravesar una transformación: de parecer gusanos que se arrastran y apenas salen adelante a una hermosa mariposa que puede volar. Esta es la clave: no depende de Dios; depende de nosotros. La única manera de liberar su mariposa es que su pensamiento se alinee con la Palabra de Dios.

¿Qué lo mantendrá en su capullo? *Nunca perderé este sobrepeso. Mi negocio no va a despegar. No soy un buen padre.* Esos pensamientos evitarán que salga su potencial. Tiene que darse cuenta que dentro de usted ya está un magnífico padre esperando a ser liberado. Si su metamorfosis va a llevarse a cabo, tiene que estar convencido que "en mí, ahora mismo, hay un magnífico padre, una magnífica madre. Voy a renovar mi mente para que esta persona salga". Quizá esté luchando contra una adicción, pero dentro de usted, en este momento, hay una persona que es totalmente libre. Podría estar financieramente escaso. El negocio está lento. Sin embargo, en usted, ahora mismo, está una persona que presta y no pide prestado, que es cabeza y no cola. Si usted continúa renovando su mente, estando de acuerdo con lo que Dios dice de usted, es solo cuestión de tiempo antes de que esa persona salga.

Cuando los pensamientos le digan: *Nunca cambiarás. Nunca mejorará,* solo dígase a sí mismo: "Estoy siendo transformado. Mi metamorfosis ya empezó". Así es como usted libera su potencial. Yo conozco personas que tienen un talento increíble. Tienen tanto que ofrecer, pero nunca han pasado por su transformación. Ellos siguen permitiendo que esa misma grabación negativa suene en su mente todo el día. Es tiempo de salir de su capullo. Dios está listo para llevarlo a un nuevo nivel. Él está listo para liberar una nueva ola de su favor. Ahora, tiene que levantarse y decir: "Hasta aquí. Estoy cansado de tener pensamientos agusanados. Es mi hora de ser transformado. Sé que soy perdonado. Soy redimido, talentoso, creativo y disciplinado. Soy muy capaz".

> *Es tiempo de salir de su capullo.*

Eso no es simplemente ser positivo; es renovar su mente. Cuando lo hace, yo puedo ver salir parte de su ala. Puedo ver su pierna atravesando el capullo. Si sigue así, dentro de poco estará liberando todo su potencial. Será transformado en una hermosa mariposa que vuela a lugares que nunca soñó posibles.

La transformación se lleva a cabo mientras renueva su mente

Robert creció con un padrastro que siempre lo menospreciaba. Una y otra vez le decían que él era lento y que no podía hacer nada bien. "¿Por qué no puedes ser como tu hermano?". Robert permitió que esos pensamientos negativos programaran su pensamiento e impactaran su vida. Él creció muy inseguro, intimidado, sin sueño alguno para su vida. Cuando se graduó del bachillerato, obtuvo un empleo de limpieza en un pequeño complejo de oficinas. Un día, su madre volvió a casarse. Este nuevo padrastro era todo lo contario. Él le decía constantemente a Robert lo que podía llegar a ser, cuán talentoso era y que tenía un futuro brillante frente a él. Este padrastro le inculcó fe, ayudándole a reprogramar su pensamiento. Él le preguntó a Robert qué quería hacer con su vida, cuál era su sueño.

Robert dijo: "Yo solo quiero trabajar como

conserje en la oficina donde estoy". Él tenía años de pensamientos agusanados acumulados dentro de él. Esos no desaparecen de la noche a la mañana.

El padrastro le dijo: "Robert, hay mucho más en ti. Haremos un trato. Si vas a la universidad, yo pagaré por cada libro, cada curso, cada comida y cada título".

Cuando Robert escuchó eso, algo tomó vida dentro de él. Nunca nadie había invertido en él. Nadie había desafiado sus semillas de grandeza. Fue a la universidad y, en cuatro años, obtuvo su licenciatura con honores. Decidió continuar y obtener su maestría, luego, su doctorado. Pero no había terminado. Fue al seminario y obtuvo otro título. Después de cuatro títulos, su padrastro dijo: "Se acabó, Robert. ¡Puedes seguir solo!". Hoy día, Robert está haciendo cosas maravillosas, llevando una vida de triunfos y ayudando a los demás. Sin embargo, nunca habría sucedido si él no hubiera renovado su mente. Él tenía que deshacerse de la programación equivocada que le habían inculcado. Cuando empezó a enfocarse en los pensamientos correctos, mejores pensamientos de fe, victoria, favor y "sí puedo", allí fue cuando se llevó a cabo la transformación. Él liberó su mariposa.

Quizá, al igual que Robert, le han dicho cosas

negativas. Las personas le dijeron lo que no puede hacer, lo que no llegará a ser. Permítame decirle quién es usted en realidad. Dios dice que usted es bendecido. Tiene talento. Es valioso. Tiene confianza en sí mismo. Usted ha sido escogido cuidadosamente por el Creador del universo. Deje de enfocarse en lo que la gente dice que usted es y programe su mente con lo que Dios dice que usted es.

Dentro de usted, justo ahora, hay una persona innovadora, triunfadora y exitosa esperando salir. ¡Su mariposa está esperando para volar! Le pido que libere todo su potencial. Está destinado a dejar su huella en su generación. No hay límite a lo que Dios puede hacer en usted y a través suyo cuando reprograma su pensamiento y empieza a

> *¡Su mariposa está esperando para volar!*

creer que es bendecido, valioso, único y más que vencedor. Cuando usted renueva su mente, la transformación se lleva a cabo.

Salga de su capullo

Cuando empecé a ministrar en el año 1999, estaba muy nervioso. No pensaba que pudiera hacerlo. Todas las voces me decían: "Joel, mejor si no vas allí, frente a la gente. Te vas a poner en ridículo.

No vas a saber qué decir. Nadie te va a escuchar". Al enemigo le habría encantado mantenerme en mi capullo, teniendo esos pensamientos agusanados. Él no quiere que usted o yo salgamos y volemos y llevemos una vida de vencedores. Él quiere que luchemos, seamos inseguros, agobiados por las adicciones y los malos hábitos. Todo empieza en nuestra mente. Si él puede controlar nuestros pensamientos, puede controlar toda nuestra vida.

Tuve que hacer lo que le pido que haga. Durante todo el día tuve que decir: "Todo lo puedo en Cristo. Soy fuerte en el Señor. Si Dios por mí, ¿quién se atreve a estar en mi contra?". Pronuncié esas palabras un mes tras otro. Poco a poco, empecé salir de mi capullo. Un ala empezó a salir. Los primeros años estaba tan inseguro que, si oía un comentario negativo, me desanimaba. Trataba de cambiar y de asegurarme que todos me aceptaran. Sin embargo, a medida que continuaba renovando mi mente y mejorando mi pensamiento, me di cuenta que no necesitaba la aprobación de la gente. Yo tengo la aprobación de Dios todopoderoso.

¿Qué estaba sucediendo? Mi ala iba saliendo más. Un poquito de mi pata salió del capullo. Lo cierto es que todavía no estoy completamente transformado, pero al menos no sigo en ese capullo. Al menos, ya no sigo arrastrándome, teniendo pensamientos agusanados. Cuando me comparo a mí mismo ahora con lo que era cuando empecé, en un sentido no soy la misma persona. No estoy nervioso. No soy inseguro. Tengo confianza en lo que Dios quiere que sea. Si a alguien no le agrado, no me molesta para nada. Estoy feliz. Soy bendecido. Mi vida es mucho mejor. Eso es lo que significa ser transformado por medio de la renovación de su mente.

Quizá usted tampoco esté totalmente fuera de su capullo todavía, pero no se desanime. Dios todavía está trabajando en usted. Cada día que tiene los pensamientos correctos, está saliendo un poco más de ese capullo. Cuando sea el momento, saldrá completamente y se irá volando, y Dios le llevará a lugares a donde nunca podría haber ido por sus propios medios.

Hubo un hombre en la Escritura, llamado Gedeón. Dios quería que él guiara al pueblo de Israel contra el ejército enemigo.

> *Cada día que tiene los pensamientos correctos, está saliendo un poco más de ese capullo.*

Pero Gedeón tenía todos estos pensamientos agusanados. Él estaba atrapado en su capullo.

Un día, el Ángel del Señor se le apareció y dijo:

"Hola, Gedeón, poderoso varón de intrépido valor". Puedo imaginar a Gedeón buscando a su alrededor, pensando: *¿A quién le está hablando? Yo no soy un poderoso varón de intrépido valor.* Gedeón era justo lo opuesto, él estaba atemorizado, intimidado e inseguro. Pero observe que Dios no lo llama por lo que él era. Dios lo llamó por lo que él llegaría a ser. Dios ve su potencial. Dios sabe de lo que usted es capaz. Quizá se sienta débil, pero Dios lo llama *fuerte*. Quizá esté intimidado hoy, pero Dios lo llama *confiado*. Tal vez se sienta "menos que", pero Dios lo llama *muy capaz*. Si el Ángel del Señor se le apareciera hoy, le diría lo mismo que le dijo a Gedeón. "Hola, poderoso varón, poderosa mujer de intrépido valor".

¿Por qué no se pone de acuerdo con Dios y empieza a creer lo que Él dice de usted? Gedeón le respondió al Ángel: "¿Cómo se supone que salve a Israel? Vengo de la familia más pobre de todo Manasés y soy el menor de la casa de mi padre". Observe sus pensamientos agusanados. Muchas veces, al igual que Gedeón, nosotros hacemos lo mismo. "No puedo hacer nada grandioso. No tengo ese talento. Si tan solo tuviera una nacionalidad diferente…si tan solo tuviera una mejor personalidad…Si tan solo no hubiera cometido tantos errores…". Deshágase de las excusas. Usted está equipado. Está facultado. Ya tiene todo lo necesario para cumplir su destino. Está dentro de usted en este momento, pero tiene que hacer su parte para sacarlo.

Vea lo que puede llegar a ser

Leí acerca de un caballero mayor que era un escultor muy conocido. Vivía en una pequeña cabaña en una isla en el Pacífico Sur. Era muy talentoso y pasó toda su vida trabajando con madera y tallando diferentes artículos. Un día, mientras caminaba por esta bella plantación donde vivía el hombre más rico de la isla, vio varios troncos cortados y apilados en un gran montón. Le preguntó al dueño qué era lo que iba a hacer con ellos. El dueño dijo: "Son basura. No sirven. Los vamos a ir a tirar".

"¿Le importaría si me llevo uno?", preguntó el escultor.

El dueño lo vio algo extrañado y dijo: "¿Usted quiere un pedazo de madera muerta, vieja e inservible?". Llévesela".

El escultor acarreó un tronco grande en su carretón, lo llevó a su cabaña, y lo puso parado dentro de la cabaña. Empezó a caminar muy despacio alrededor de él, analizándolo cuidadosamente, pensando en él, como si tratara de liberar algo que estaba atrapado en el interior. Un par de horas después, empezó a tallar, esculpiendo con precisión, día tras día. Pasaron dos semanas, y había tallado el águila más bella que uno podía imaginar. Era de apariencia majestuosa, con sus alas extendidas, su cabeza hacia atrás, remontándose por los aires. La puso en el pasillo frontal de su pequeña cabaña.

Un día, el dueño de la plantación pasó por allí, vio el águila y estaba muy impresionado. Se acercó a ella y se maravilló del detalle y cuán magnífica era. Le dijo al hombre, "¿De dónde sacó esto? Me gustaría comprárselo".

El escultor se rio y dijo: "No, señor. No está a la venta".

Pero el dueño de la plantación insistía. Dijo: "Póngale precio. Le pagaré lo que quiera".

El escultor finalmente dijo: "Está bien. ¿Qué tal quinientos dólares?".

El hombre se los pagó. Luego, cuando el hombre se alejaba, el escultor dijo: "Señor, no sé si se da cuenta, pero acaba de comprar la pieza de madera inservible que me dio hace unas semanas".

Al día siguiente, el escultor iba caminando por la plantación. Había un letrero al frente, que decía: "Troncos de madera a la venta. Quinientos dólares cada uno". El dueño había aprendido su lección.

Este es mi punto: El escultor vio algo en el tronco rechazado que otras personas no pudieron ver. El dueño de la plantación dijo que era basura inservible y sin valor, pero el escultor pudo ver más allá de su rústico exterior, por encima de sus defectos, y vio su potencial. Él sabía lo que podía llegar a ser.

De la misma manera sucede con nuestro Dios. Su creador puede ver cosas en usted que los demás no ven. A veces, la gente tratará de menospreciarlo y hacerle sentir insignificante. A veces, nuestros propios pensamientos tratarán de convencernos de que no damos la talla. Sin embargo, Dios mira por encima de lo que alguien dijo acerca de usted, y Dios ve su increíble valor. Usted podría pensar, *Lo arruiné. Lo eché a perder. Fallé. Estoy acabado.* La buena noticia es que Dios aún ve el águila en usted. Dios no solo ve lo que usted es. Él ve lo que puede llegar a ser. La gente puede haber tratado de humillarlo, pero Dios lo ve a usted levantándose por encima del suelo. Él lo ve remontándose.

> *Vea más allá de su rústico exterior, por encima de sus defectos y vea su potencial.*

Ahora, usted tiene que hacer su parte y deshacerse de esos pensamientos condenatorios.

Deshágase de lo que alguien dijo sobre usted y empiece a renovar su mente. En su interior, empiece a creer que es redimido, restaurado, talentoso y valioso. Dios todavía puede llevarlo a donde Él quiere que usted esté. Crea que todavía puede liberar todo su potencial.

La realeza está en usted

En la Escritura, un hombre llamado Jacob tuvo muchos defectos. Él era deshonesto. Engañaba a la gente. Hasta engañó a su propio hermano para quitarle su derecho de herencia. Él sería alguien a quien compararíamos con ese tronco de madera descartado. Jacob no parecía tener mucho futuro, pero Dios no juzga de la misma manera en que nosotros lo hacemos. Dios no ve el exterior; Él mira el corazón. Aun cuando cometamos errores, Dios no nos descarta. Él siempre nos da otra oportunidad. ¿Por qué? Porque Dios puede ver el águila en el tronco de madera. Él puede ver la mariposa en el gusano. Él puede ver un campeón en un fracaso. Sin embargo, depende de nosotros. La única forma en que empezará la transformación es que usted crea que está perdonado, que crea que hay misericordia para cada error y que crea que usted es quien Dios dice que es.

Una vez, en el Antiguo Testamento, un ejército

invadió Jerusalén, secuestró a algunas personas y mató a su rey. Por primera vez, el pueblo de Israel no tenía líder. Estaban desanimados y no sabían qué hacer. Mientras estaban sentados, pensando que todo había terminado, el profeta Miqueas se levantó y dijo: "¿Por qué lloran? ¿Por qué están desanimados? ¿Acaso no hay un rey en ustedes?".

Creo que Dios nos dice lo mismo a cada uno de nosotros: "Hay un rey en ti". Posiblemente ha cometido errores, pero el rey todavía está en usted. Tal vez ha atravesado decepciones. La gente puede haberlo tratado injustamente. Perdió buenas oportunidades. Pero permita que estas palabras penetren en la profundidad de su espíritu. "El rey todavía está en usted". "La reina todavía está en usted". Necesita enderezar sus hombros, mantener su cabeza en alto y conducirse con confianza. Tiene sangre de la realeza fluyendo por sus venas. Usted porta una corona de favor. No le estoy hablando a gente común. Estoy hablándole a la realeza. Por fe, puedo ver reyes. Puedo ver reinas. Puedo ver su corona de favor. Puedo ver su túnica de honor. Estoy hablándoles a los hijos del Dios altísimo. Ahora, usted debe comenzar a convocar a ese rey, a convocar a esa reina. Tiene que liberar lo que Dios puso en su interior.

"Bueno, Joel, esto no es para mí. He

cometido montones de errores. He llevado una vida escandalosa". Eso no cambió lo que Dios puso en usted. Usted no puede ser peor que Jacob. Él falló una y otra vez, pero la misericordia de Dios es de eternidad a eternidad. Nunca se acaba. Dios nunca se cansará de usted.

Dios siguió obrando en Jacob, edificándolo y moldeándolo. Un día, Dios dijo: "Jacob, voy a cambiar tu nombre". Su nombre, literalmente, significaba "engañador". Dios dijo: "Ya no quiero que te sigan llamando así. Has pasado gusano a mariposa, de ser un tronco de madera descartado a una hermosa águila. Tu nuevo nombre será Israel". Israel significa: "príncipe con Dios". Él pasó de ser llamado engañador a ser llamado rey. Después de eso, cuando alguien decía: "Hola, Israel", lo que decían era "Hola, Rey". Ellos estaban convocando a sus semillas de grandeza. Estaban profetizando, recordándole a quien era en realidad. Estoy seguro que él empezó a pensar mejor: *No soy un tramposo. No soy un engañador. No soy un estafador. Soy un príncipe. Soy un rey. He sido escogido por Dios. Tengo un destino que alcanzar. Tengo una tarea que cumplir.* Él renovó su mente. Allí es cuando la transformación se llevó a cabo, y, de repente, la vida de Jacob mejoró grandemente.

CREADO PARA VOLAR

¿Podría ser que lo único que le detiene para tener una vida mejor sean sus pensamientos hacia sí mismo?

Usted está concentrado en sus errores, cómo lo arruinó, cómo no dio la talla. Tiene que reprogramar su pensamiento. Deshágase de los pensamientos agusanados. Durante todo el día, debería decir: "Soy redimido y estoy restaurado. Soy de la realeza. Soy más que vencedor".

Creo que hoy será el principio de la transformación en su vida. Alguna metamorfosis está por llevarse a cabo. Usted necesita prepararse. El talento que no sabía que tenía, saldrá de usted. Las fortalezas de inferioridad están siendo rotas. Usted sentirá nueva valentía, una nueva confianza para entrar a la plenitud de su destino. Quizá tenga un ala de fuera, y eso es bueno. Sin embargo, Dios no quiere que se quede en el capullo. Él no lo creó para arrastrarse y retorcerse. Él lo creó para que volara. Es tiempo de sacar la otra ala. Siga teniendo mejores pensamientos. Si va a empezar la renovación de su mente, programándola con lo que Dios dice acerca de usted, va a liberar su potencial.

> *Deshágase de los pensamientos agusanados.*

Estoy convocando al seguro de sí mismo. Estoy convocando al que triunfa, al bendecido, al talentoso, al disciplinado, al excelente. Creo y declaro que el rey en usted está emergiendo. El águila en usted está emergiendo. La mariposa en usted está emergiendo. Usted no se va a quedar donde está. Usted está siendo transformado. Usted se remontará a lugares a donde nunca habría podido ir por sus propios medios. ¡Recíbalo por fe!

CAPÍTULO CUATRO

Considérese triunfador

Los estudios muestran que nos hablamos a nosotros mismos hasta treinta mil veces al día. Siempre hay algo sonando en nuestra mente. La Escritura nos dice que meditemos en las promesas de Dios. La palabra *meditar* significa "pensar en algo una y otra vez". Necesitamos prestar atención a aquello en lo que meditamos.

Meditar es el mismo principio que la preocupación. Cuando se preocupa, sencillamente está meditando en lo incorrecto. Está usando su fe a la inversa. Si usted se pasa el día preocupado por sus finanzas, preocupado por su familia y preocupado por su futuro, porque está permitiendo que suenen pensamientos equivocados en su mente, hará que esté ansioso, temeroso, negativo y desanimado. Todo el problema está en lo que escoge meditar. Usted controla la entrada a su mente. Cuando esos pensamientos negativos vengan tocando a su puerta, usted no tiene que abrir. Puede decir: "No, gracias. Elijo meditar en lo que Dios dice de mí".

Hoy día, hay mucho pesimismo. Si ve las noticias por mucho tiempo, puede deprimirse: la bolsa de valores, la economía, la crisis de la deuda. Una frase que observé en varios periódicos fue "temor total en el mercado".

> *Cuando usted se preocupa, sencillamente está meditando en lo incorrecto. Está usando su fe a la inversa.*

La gente está en pánico. Algunas personas pasan todo su día pensando en lo mal que están, diciéndose: "Me pregunto si podré salir adelante". "¿Qué pasaría si pierdo mi trabajo?". "¿Qué hago si mis fondos de retiro disminuyen?". Si se enfoca en estos pensamientos de temor, se va a estresar. Me gusta ver las noticias, pero he aprendido a no meditar en los reportes negativos.

Filipenses 4:8 dice: "Piensen en cosas que son verdaderas, cosas que son puras, cosas que son de buena reputación". Si no tiene buena reputación no se concentre en eso, porque envenenará su espíritu. En lugar de escuchar el pesimismo una y otra vez, escuche lo que Dios dice. Sí, la situación financiera puede ser un poco inestable, pero Dios dice que Él suplirá todas sus necesidades. Él dijo que Él lo prosperará aun en tiempo de hambre. Él dijo que abrirá las ventanas de los cielos y derramará tantas bendiciones que usted no podrá contenerlas. Pase el día meditando en eso. Haga que su mente vaya en la dirección correcta. Después de todo, la economía no es nuestra fuente. Dios es nuestra fuente. Nuestra confianza no está en el mercado de valores o en la economía. Lo digo con respeto, pero nuestra confianza ni siquiera está en el gobierno. Nuestra confianza está en el Señor.

David dijo en uno de sus salmos: "Algunos confían en carros. Otros confían en caballos. Pero nuestra confianza está en el nombre del Señor nuestro Dios". En tiempos modernos, podría decirse: "Algunos confían en su dinero. Otros confían en su trabajo. Algunos creen en lo que dicen los economistas; pero nuestra confianza está en el Dios que lo creó todo. Él es llamado Jehová Jireh, el Señor nuestro Proveedor". Cuando medite en eso, no tendrá temor del todo. Usted tendrá completa paz. Estará en absoluto reposo. Usted sabe que Dios está a cargo y que Él puede darle el triunfo total. Sin embargo, todo depende de lo que esté sucediendo en sus pensamientos. Usted puede meditar en el problema o puede meditar en las promesas. Puede meditar en el reporte de noticias o puede meditar en el reporte de Dios. Lo que usted permita sonar en su mente determinará la clase de vida que vivirá. Cuando piense mejor, vivirá mejor.

PERFECTA PAZ

Dios dijo en Isaías 26:3: "Si mantienes tu pensamiento enfocado en mí, yo te guardaré en perfecta paz". Note que hay una manera de no solamente tener paz, sino de tener perfecta paz. ¿Cómo? Mantenga su pensamiento enfocado en Él. Preste atención a lo que está sonando en su mente. Usted no puede dedicar el día a pensar: *Espero que mi hijo se componga*. O, *¿qué va a pasar si me despiden?* O, *tal vez no supere esta enfermedad*. Cuando fija pensamientos como estos, no va a tener paz. Meditar en el problema no lo mejora; lo empeora. Tiene que cambiar su enfoque. Durante todo el día, piense: *Dios me tiene en la palma de su mano. Todo obra para mi bien. Este problema no llegó para quedarse, pasará. Muchas son las aflicciones del justo, pero de todas ellas lo librará el Señor.* Eso es pensar mejor. Cuando medite en eso, tendrá mayor paz, mayor gozo y mayor fuerza.

El apóstol Pablo comprendía este principio. Él

dijo: "me considero afortunado". La felicidad empieza en nuestro pensamiento. Pablo había atravesado muchas decepciones y adversidades. Había naufragado, había sido encarcelado y había sido maltratado; aun así, él no estaba enfocado en sus problemas. Él no meditaba en lo malo que era, repasando todas sus decepciones. Él fue quien dijo: "Gracias a Dios que siempre me lleva triunfante. Soy más que vencedor". Su mente estaba llena de pensamientos de esperanza, pensamientos de fe, pensamientos de victoria. Él decía: "Podría parecer malo, pero he aprendido el secreto de cómo considerarme afortunado".

Algunas personas se han deprimido solo por sus pensamientos. Se han enfocado en sus problemas durante tanto tiempo que se han conducido a sí mismos al desánimo por sus pensamientos. Han visto tantos noticieros que se han llevado a sí mismos al temor por sus pensamientos. La buena noticia es que de la misma manera

> *Sus pensamientos pueden hacerlo feliz. Sus pensamientos pueden darle paz.*

que sus pensamientos pueden deprimirlo, asustarlo y volverlo negativo, también pueden hacerlo feliz.

Sus pensamientos pueden darle paz. Hasta pueden ayudarle a estar de mejor ánimo.

La Escritura nos dice: "Levántate de la depresión que te ha mantenido limitado. Levántate a una nueva vida". El primer lugar donde debemos levantarnos es en nuestro pensamiento. Tiene que proponerse una nueva actitud con mejores pensamientos. No pase todo el día pensando en sus problemas, enfocándose en quien lo lastimó. Eso lo desanimará. Necesita empezar a tener pensamientos que le hagan feliz. Durante todo el día, deberíamos estar pensando: *Mis mejores días están frente a mí. Algo grande viene a mi encuentro. Lo que querían para mi perjuicio, Dios va a usarlo para mi beneficio. Mis más grandes triunfos todavía están en mi futuro.* Tenga pensamientos de poder a propósito: *Soy fuerte. Sano. Bendecido.* Cuando se levante por la mañana y le vengan esos pensamientos diciendo: *No quieres ir a trabajar hoy. Tienes muchísimos problemas. Hay muchas cosas que te atacan,* más que nunca, necesita ponerse las pilas.

Contrarreste esos pensamientos al declarar: "Este va a ser un gran día. Este es el día que hizo el Señor. Estoy emocionado por mi futuro. Hoy me sucederá algo bueno".

Esta es la clave: Nunca empiece el día en neutro.

No puede esperar a ver qué clase de día será. Tiene que *decidir* qué clase de día va a ser. Cuando se levante por la mañana, antes de ver las noticias, antes de revisar el clima, antes de ver cómo se siente, necesita ubicar su mente en la dirección correcta. "Este va a ser un gran día". Si usted no fija su mente, el enemigo lo hará por usted. Él le recordará lo mal que le ha ido, cuántos errores ha cometido y toda la gente que está en su contra, y así sucesivamente. Muchas veces, la forma en que empezamos el día determinará la clase de día que vamos a tener. Si lo empieza negativo, desanimado y quejándose, está fijando el tono para un día terrible. Tiene que hacer que su mente vaya en la dirección correcta. Su vida va a seguir a sus pensamientos. Si usted se levanta pensando: *Nunca me sucede nada bueno. Nunca tengo buenas circunstancias. Nunca saldré de deudas. No creo que alguna vez vaya a conocer a la persona adecuada y casarme,* esa es la dirección en la que usted está cediendo su fe.

USTED LLEGA A SER AQUELLO EN LO QUE CREE

Jesús dijo: "Hágase en vosotros según vuestra fe". Si usted cree que nunca conocerá a la persona adecuada y se casará, desafortunadamente, probablemente no lo haga. Su fe está trabajando. Si cree que nunca saldrá de deudas, no lo hará. Si cree que lo van a despedir, no se sorprenda cuando le pase. Usted llegará a ser aquello en lo que cree. Estoy pidiéndole que crea lo que Dios dice acerca de usted. Crea que es bendecido. Crea que sus mejores días están por llegar. Crea que usted es fuerte, sano, talentoso, creativo y muy capaz. Deshágase de esos pensamientos erróneos que están contaminando su mente y empiece a meditar en lo que Dios dice de usted.

El escritor de Salmos 1, dijo: "Si meditas en la Palabra de Dios día y noche, serás como árbol plantado junto a corrientes de agua. Tu hoja no se marchitará, sino que siempre darás fruto a su tiempo". Note que no es *algunas* veces, sino *siempre*, durante toda su vida. Eso significa que aun cuando la economía baje, usted estará dando fruto. Significa que cuando otros vayan en caída, usted irá subiendo. Cuando los demás estén totalmente asustados, usted estará en completa paz. Cuando los demás estén sobreviviendo, usted estará triunfando.

> *Cuando los demás estén totalmente asustados, usted estará en completa paz.*

La traducción de la Biblia *The Message* [El Mensaje] dice que cuando medita en la Palabra de Dios, siempre estará floreciendo. Ese es el sueño de Dios para su vida: que usted siempre tenga una sonrisa, que siempre esté en paz y que siempre esté emocionado por su futuro. Y no, no significa que nunca tendrá adversidades. Sin embargo, en esos tiempos difíciles, debido a que sus pensamientos están fijos en Él, en lo profundo de su ser habrá confianza sabiendo que todo estará bien. Usted sabe que Dios aún está en el trono. Él está peleando sus batallas y usted, no solo saldrá de eso, sino que saldrá mejor de lo que estaba antes.

Tengo amigos que viven en otro estado de los Estados Unidos. El esposo trabaja en ventas para una corporación muy grande. Recientemente, obtuvo el ascenso que había estado esperando recibir durante mucho tiempo. Mis amigos estaban muy emocionados, pero significaba que tendrían que mudarse a otra ciudad. El problema era que el mercado de bienes raíces en su área, estaba muy bajo. Difícilmente se vendía algo. Ellos no podían pagar dos hipotecas, así que tuvieron que vender su casa antes de poder aceptar el ascenso. Pero en lugar de desanimarse y pensar: *Qué suerte la nuestra, recibimos un ascenso en mal momento. Nuestra casa nunca se venderá,* ellos mantuvieron su mente llena de fe. En todo momento decían: "Padre, tú dijiste que tu favor nos rodea como un escudo. Dijiste que siempre floreceríamos. Dijiste que tú nos prosperarías aun en la hambruna". Eso es pensar mejor.

Había más de sesenta casas a la venta en su vecindario. En los siete meses anteriores, solamente tres casas se habían vendido. No se veía bien, pero pusieron su casa a la venta de todos modos; y dos semanas después tenían un contrato de compra. Hablaron con los nuevos dueños, solo por curiosidad les preguntaron: "¿Por qué escogieron nuestra casa?".

Los compradores dijeron: "Vimos más de treinta casas en este vecindario, pero cuando pasamos por su casa, sencillamente, parecía sobresalir entre todas. Y cuando entramos, sentimos tanta paz que supimos que esta debía ser nuestro hogar".

Esto es lo que sucede cuando medita en las promesas de Dios. Usted siempre florecerá. En otras palabras, su propiedad se venderá cuando las otras no. Se pondrá bien aun cuando el informe médico diga que no. Será ascendido aun cuando no sea el mejor calificado. ¿Por qué? Porque su mente está llena de la Palabra de Dios y Él conoce los propósitos para usted. Cuando está de acuerdo con Dios, el Creador del universo se pone a trabajar. Dios hará que su favor brille sobre usted. Él hará que su casa sobresalga entre el vecindario. Él hará que usted esté en el lugar correcto en el momento indicado, asegurándose de que usted triunfe.

En resumen, usted llegará a ser aquello en lo que cree. Haga un inventario de lo que resuena en su mente. No ande pensando: *Mi casa nunca se venderá. Deberían conocer mi vecindario.* O, *Tengo miedo de que mi hijo se vaya por mal camino.* Su fe atraerá lo negativo. Job dijo: "Lo que temía me sobrevino". Al igual que nuestra fe puede obrar en la dirección correcta, puede obrar en la dirección incorrecta.

PRESTE ATENCIÓN A LO QUE RESUENA EN SU MENTE

Escuché acerca de una dama que compró un árbol Ficus de dos metros de alto para su dormitorio. A ella le encantaban las plantas, las tenía por todas partes en su casa y tenía mucha experiencia en el cuidado de ellas. Sin embargo, a la mañana siguiente, despertó y pensó para sí: *Esta planta no va a vivir. No sobrevivirá.* El pensamiento negativo le vino de la nada, y ella cometió el error de enfocarse en él, pensando en eso una y otra vez. Hasta le dijo a su esposo: "Creo que he desperdiciado mi dinero en esta planta. Me temo que no vivirá".

"¿De qué hablas?", dijo él. "Todas tus plantas han sobrevivido. ¿Por qué dices eso?".

Ella respondió: "Oh, algo me dice que no sobrevivirá".

Tres semanas después, sin razón aparente, las hojas de la planta empezaron a tornarse amarillas. Unos días después, las hojas se habían caído. Unas semanas más tarde, la planta estaba totalmente marchita, muerta.

Un día, ella estaba pensando acerca de ese árbol muerto. Ella sintió que Dios le dijo algo, no de manera audible, sino una impresión en su interior. Él dijo: "Quiero que sepas que mataste a esa planta con tus pensamientos".

Cuando escuchó eso, un escalofrío recorrió su cuerpo. Cuando nos enfocamos en lo negativo, dejamos que nuestra fe vaya en la dirección errónea. Ella le dijo a su esposo: "Sé que vas a pensar que estoy loca, pero creo que maté esa planta con mis pensamientos".

Él la vio muy extrañado y respondió: "Todo lo que puedo decir es que espero que estés teniendo buenos pensamientos acerca de mí".

Preste atención a lo que resuena en su mente. No digo que todo pensamiento negativo vaya a suceder; mi punto es que podemos abrir la puerta a las dificultades al permanecer en lo equivocado.

LLENE SU MENTE CON LOS PENSAMIENTOS CORRECTOS

He aprendido que, si llena su mente con los pensamientos correctos, no habrá lugar para los pensamientos incorrectos. Cuando está pensando constantemente: *Soy fuerte. Sano. Bendecido. Tengo el favor de Dios,* entonces, cuando los pensamientos negativos vengan a tocar a su puerta, encontrarán un rótulo de "Ocupado". "Lo siento, no hay lugar para ustedes". Ellos no podrán entrar.

Una vez estaba viajando con mi padre a la India. Nuestro avión estaba retrasado debido al mal tiempo. Perdimos nuestra conexión hacia Europa y, como era tarde en la noche, fuimos a un hotel en el aeropuerto. Caminamos directamente hacia la recepción y mi padre le pidió una habitación al joven encargado.

El joven revisó su computador y dijo: "Lo siento, señor. Esta noche estamos llenos".

Mi papá no estaba dispuesto a recibir un "no" como respuesta. Él amablemente dijo: "¿Podría revisar de nuevo, por favor? Estamos muy cansados".

El joven revisó y revisó. Nuevamente dijo: "Lo

siento, pero no hay espacio. Estamos totalmente llenos".

Mi padre pidió hablar con el gerente, quien salió e hizo el mismo procedimiento; incluso, fue a su oficina para hacer una revisión adicional, pero finalmente regresó y dijo: "Señor, lo siento mucho. No tenemos ninguna habitación".

Papá dijo: "Vamos a estar aquí por unas pocas horas. ¿No podemos tener un lugar donde quedarnos?"

El gerente vio a mi padre y le dijo: "Señor, no puedo obligar a nadie a salir del hotel. Estamos completamente llenos".

Así sucede cuando usted mantiene su mente llena de la Palabra de Dios. Un pensamiento de temor toca a la puerta: *No lo lograrán. El problema es demasiado grande. Déjenme entrar. Denme una habitación para quedarme.* Pero al igual que el gerente del hotel, usted declara: "Lo siento, temor, no hay vacantes. No hay espacio. Tendrás que ir a algún otro lado a quedarte".

Ese pensamiento que siembra duda, *Nunca venderás tu casa. ¿Has visto cómo está el mercado?* "No hay espacio. El favor de Dios me rodea como escudo".

Nunca te pondrás bien. ¿Has visto el informe

médico? "No hay vacantes. Dios me está devolviendo la salud".

Ya alcanzaste tu límite. "No hay vacantes. Esta mente está llena con pensamientos mejores de fe, esperanza, victoria, crecimiento, abundancia y restauración. No hay lugar para la duda, incredulidad, ansiedad, temor ni depresión".

Usted tiene que hacer inventario de quién se está quedando en su casa. ¿Quién está ocupando sus habitaciones? Si usted le da espacio al temor, la fe se queda afuera. No hay espacio para ambos. Si usted le da espacio a "no puedo", "sí puedo" se queda afuera. Si le da espacio a la escasez, a apenas podrá salir adelante, "nunca lo lograré", entonces el incremento, el ascenso y la abundancia se quedan fuera. Des-

> *Usted tiene que hacer inventario de quién se está quedando en su casa.*

hágase de los pensamientos erróneos y permita que lo que Dios dice acerca de usted tenga un hogar permanente.

Piénselo de esta manera. Antes de irse a dormir por la noche, usted cierra las puertas de su casa con llave. No quiere que ningún extraño entre. Allí es donde vive. Esa es su casa. Usted debe tener la misma manera de pensar en lo que se refiere a su mente. "Aquí es donde vivo. Este soy yo. Este es mi futuro. No voy a permitir que cualquier pensamiento entre y tenga un hogar permanente. Voy a vigilar la puerta de mi mente y solamente le daré espacio a los pensamientos de esperanza, pensamientos de fe y pensamientos de victoria".

Lo he escuchado de esta forma: Si usted tuviera un complejo de apartamentos y alquila el ochenta por ciento de los apartamentos a traficantes de droga, ladrones y tramposos; por otro lado, renta el otro veinte por ciento a ciudadanos buenos, que respetan la ley, después de unos meses, los traficantes y los tramposos sacarían corriendo a la gente buena. Lo mismo sucede con nuestros pensamientos. Si usted anda pensando sobre cuán malas están las cosas, enfocándose en sus problemas, en todo lo que no tiene y en cuán difícil será su futuro, todos esos pensamientos negativos sacarán a cualquier pensamiento positivo y limitará la forma en que vive. Tiene que dejar de alquilarle espacio en su mente a los problemas. Deje de alquilarle espacio valioso a la autocompasión. No les alquile a los pensamientos "no puedo, no sucederá". Usted solo tiene cierta cantidad de espacio en su mente. Quizá necesite girar una notificación de desalojo. Dígales a esos pensamientos negativos: "Han ocupado mis habitaciones por suficiente tiempo. Viene un nuevo inquilino. Mi nuevo inquilino es la fe, el gozo, la paz y la sanidad. Mi nuevo inquilino es el triunfo".

La gente no tiene la
última palabra

No digo que niegue los informes negativos que son verdaderos y que haga como que no existen. Sencillamente, estoy diciendo: No se enfoque en ellos. No permita que lo consuman al punto en que eso es en todo lo que piensa y todo lo que habla. Aprenda a poner las cosas en perspectiva.

Una vez, en la Escritura, Jesús estaba de camino a orar por una persona que estaba muy enferma, pero lo seguían retrasando. Finalmente, personas de la casa del enfermo llegaron y dijeron: "Díganle a Jesús que ya no necesita venir. Es muy tarde. La persona ya murió". Jesús estaba muy cerca. La Escritura dice que Jesús "escuchando, pero ignorando", oyó el informe negativo, pero Él no permitió que echara raíz. Él no meditó en ello. No se desanimó. No dio la vuelta y regresó a casa. Él no negó que el informe fuera cierto ni fingió que la persona no había muerto.

Jesús sabía que la gente no tiene la última palabra. Dios tiene la última palabra. A veces, para poder mantenerse en la fe, tiene que ignorar un informe negativo. Tiene que ignorar lo que alguien dijo de usted. Tiene que ignorar lo que sus propios pensamientos le dicen. Quizá los escuche, pero haga como Jesús y elija no enfocarse en ello.

> *A veces, para poder mantenerse en la fe, tiene que ignorar un informe negativo.*

Cuando nuestros hijos estaban pequeños, de vez en cuando uno de sus amigos hablaba demasiado y si no querían escuchar más, extendían un brazo y decían: "Háblale a la mano". Eso significaba: "Estás hablando, pero yo no estoy escuchando". Eso es lo que necesitamos hacer cuando vienen los pensamientos negativos. En su imaginación, solamente extienda el brazo y diga: "Háblale a la mano. Estás hablando, pero no te estoy escuchando. Estás tratando de alquilar una habitación, pero te digo "aquí no hay vacantes".

Hace varios años, estaba viendo un partido de futbol. Era un partido de finales muy importante. Solamente quedaban unos segundos para el final. El equipo visitante estaba dos puntos abajo y se estaban preparando para intentar un gol de campo para ganar el partido. El pateador estaba en el campo, estaba preparándose para la patada más grande de su vida. Los hinchas del equipo contrario estaban abucheándolo muy fuerte, gritando y haciendo ruidos tratando de distraerlo. Justo cuando estaba por patear, el otro equipo pidió un tiempo fuera para darle a los hinchas más tiempo para tratar de intimidarlo. En la gran pantalla del estadio, empezaron a pasar videos de todas las veces que este pateador había fallado en el pasado. Pasaron todos los errores que había cometido aun de muchos años atrás, y cada vez que veían una falla, la multitud enloquecía. Con ocho mil personas gritando en su contra, él dio un paso y pateó el balón pasándolo en medio de los postes y ganó el partido.

Después, un reportero le preguntó cómo pudo manejar la presión de tantos miles de personas gritando en su contra. Él dijo: "no escuché a nadie gritando. Yo solo seguía diciéndome a mí mismo: 'Puedes hacerlo. Tienes lo que se necesita'".

El reportero dijo: "Bueno, ¿qué hay de la gran pantalla donde estaban pasando todas sus fallas?".

"Vi eso", dijo con una sonrisa, "pero no le presté atención. Solo lo ignoré".

En la vida, habrá veces cuando se sienta como si todas las voces le estuvieran diciendo: "No puedes hacerlo. No funcionará. Nunca superarás este problema". Podría ser la voz de la gente a su alrededor, los críticos, los negativos. O, podrían ser solo voces en su mente, pensamientos que tratan de desanimarlo. No se sorprenda si hasta el enemigo empieza a recordarle sus fallas, proyectando las veces que ha fallado, mostrándole todos sus desengaños. Usted tiene que hacer lo que hizo este joven pateador. Elija ignorarlos y elija creer en un mejor informe. Si usted entra en un acuerdo con Dios y no permite que esas distracciones lo saquen de su curso, Dios lo llevará a donde Él quiere que usted esté.

EL TRIUNFO EMPIEZA EN SU MENTE

Amigo, el primer lugar donde perdemos el triunfo es en nuestro propio pensamiento. Usted puede sentir como si ocho mil voces están gritando en su contra en este momento, diciendo: "Nunca funcionará. Este problema es demasiado grande. Podrías conformarte donde estás".

Estire su brazo. Dígale a esos pensamientos negativos: "Háblenle a la mano". Si ellos quieren alquilar una habitación, muéstreles el rótulo de "No hay vacantes". Si usted mantiene sus pensamientos fijos en lo que Dios dice, vencerá los obstáculos y alcanzará sus sueños. Eso es lo que dice en Josué 1:8 "Si meditas en la Palabra de Dios día y noche, prosperarás y tendrás éxito".

Toda la clave es lo que está sucediendo en su pensamiento. ¿En qué está meditando? Tome la decisión de mantener sus pensamientos fijos en lo que Dios dice. Con determinación, fomente pensamientos de poder: *Soy fuerte. Talentoso. Creativo. Tengo el favor de Dios.* Recuerde, usted llegará a ser aquello en lo que cree.

> *Toda la clave es lo que está sucediendo en su pensamiento.*

Cuando se levante cada mañana, ubique su mente en la dirección correcta. No medite en el problema. Medite en las promesas. Aprenda a considerarse feliz. Considérese en paz. Considérese triunfador. La victoria empieza en su pensamiento.

CAPÍTULO CINCO

Lleno de posibilidades

Por lo general, cuando una mujer está embarazada, no se ve diferente durante los primeros meses. Tiene la misma figura, usa la misma ropa y tiene la misma cantidad de energía. Desde afuera, no hay ninguna señal de que ella vaya a tener un bebé. Si solamente la viera en lo natural, podría pensar, *ella no está embarazada. No tiene nada diferente.* Pero lo que no puede ver es que, en el interior, una semilla está echando raíz. La concepción ha ocurrido. Después de unos meses de embarazo, se le empieza a notar y sube de peso. Semanas después, siente que algo le patea por dentro. De repente, una patada por aquí, otra por allá. Ella todavía no ha visto al bebé en persona. No lo ha cargado en sus brazos; sin embargo, no se preocupa porque sabe que el bebé está en camino. Nueve meses después de haber concebido, dará a luz a esa criatura.

De igual forma, quizá no se dé cuenta, pero usted ha concebido. Dios ha puesto todo tipo de potencial en usted. Hay dones, talentos e ideas. Él ha puesto sueños, ne-gocios, libros, can-ciones, sanidad y libertad en usted. Está lleno de posibilidades, concibiendo crecimiento, concibiendo sanidad. Solo porque usted no ve que algo suceda, no signi-fica que no va a pasar. La semilla que Dios puso en usted ya ha echado raíz. La concepción ha sucedido.

> *Solo porque usted no ve que algo suceda, no significa que no va a pasar.*

Tal como le sucedió a esta mujer, al principio, quizá usted no vea señal alguna de embarazo, pero no se preocupe. Su tiempo viene. Usted está emba-razado con su milagro, embarazado con abundancia. Quizá esté embarazo con un nuevo negocio. En lugar de desanimarse y pensar: *Nunca sucederá. Ha pasado mucho tiempo. He pasado por muchas cosas,* su actitud debería ser, *siento que algo me patea por dentro. Sé que algo bueno está creciendo. Daré a luz lo que Dios puso en mí.*

Quizá ha luchado con una adicción durante

mucho tiempo. En lugar de creer la mentira que dice que nunca será libre, diga: "No, estoy embarazado con libertad. He concebido plenitud. Quizá no vean cambio alguno en mí, pero yo puedo sentir las patadas. Puedo sentir que algo se mueve en mi espíritu". Cuando usted viva con ese tipo de expectativa, dará a luz a lo que Dios puso en usted.

ALGO PATEA POR DENTRO

El Salmo 7 dice: "el impío concibió maldad". La buena noticia es: ese no es usted. Usted está justificado. No concibió maldad, de malas circunstancias, enfermedad, carencia o depresión. Usted está lleno de favor, lleno de talento, lleno de victoria. Durante todo el día, continúe diciendo: "Señor, te agradezco porque estoy lleno de tus promesas, porque daré a luz a todo lo que has puesto en mí". Quizá usted no vea cambios. En lo natural, pareciera como si nunca va a funcionar, pero en lo profundo de su espíritu, elija creer que esa concepción ha sucedido. Usted ha concebido esa nueva casa con la que ha estado soñando. En el tiempo perfecto de Dios, cuando todo esté listo, dará a luz.

Quizá su familia esté luchando con la disfuncionalidad en su casa. No viva preocupado. Usted ha concebido la restauración, ya concibió la solución.

Quizá su negocio esté lento y haya perdido a su cliente principal. Podría desanimarse fácilmente, pero usted puede sentir algo pateando en su interior, algo que dice: "Eres cabeza y no cola. Todo lo que toques prosperará y tendrá éxito". Tal vez su sueño parece imposible. Ha pasado mucho tiempo, hizo su mejor esfuerzo, y no funcionó; pero muy adentro, sin que pueda evitarlo, algo continúa pateando, diciéndole que aún está en camino. Lo que Dios comenzó, lo terminará.

Recientemente, hablé con un caballero a quien le diagnosticaron cáncer. Los doctores le dijeron que era de una clase muy invasiva y que se propagaría con rapidez. Después de la cirugía programada, él tendría que someterse a un año de quimioterapia. El pronóstico no se veía bien, pero él no se deprimió. Él no andaba diciendo: "Dios, ¿por qué yo?". Él comprendió el principio de que ya había concebido sanidad. Los doctores llevaron a cabo la cirugía. Después, entraron a su habitación en el hospital, rascándose la cabeza. Ellos habían asegurado que el cáncer era muy peligroso e invasivo, pero cuando hicieron las pruebas nuevamente, no era lo que habían pensado. Pudieron quitar todo, él ya no necesitaba ningún otro tratamiento y estaba totalmente libre de cáncer.

Tal vez usted esté lidiando con una enfermedad, luchando una batalla en su salud. En lugar de aceptar la enfermedad, pensando que así será siempre, siga recordándose a sí mismo que usted está lleno. Ya concibió. La sanidad ya está en usted. Nada puede arrebatarlo de las manos de Dios. No viva siendo negativo ni quejándose. Hágalo cambiar con mejores pensamientos. "El informe médico no se ve bueno, pero puedo sentir unas patadas de sanidad dentro de mí. Ningún arma formada contra mí prosperará". O, "No parece que algún día vaya a salir de deudas, pero puedo sentir a la abundancia pateando en mi interior. Yo daré prestado no pediré prestado". O, "todas mis circunstancias dicen que seré infértil toda mi vida, nunca conoceré a la persona indicada, nunca me libraré de esta adicción, pero en el fondo, puedo sentir algo moviéndose en mi espíritu".

> *Usted está lleno de éxito, lleno de ideas, lleno de su destino.*

Dese cuenta que está lleno de posibilidad. Deje de decirse a sí mismo que nunca saldrá adelante, que no tiene suficiente de esto, suficiente de aquello.

Usted está lleno de éxito, lleno de ideas, lleno de su destino. Dará a luz a aquello que Dios puso en usted. No es demasiado tarde. No ha perdido su oportunidad.

No se deje llevar por lo que ve en sus circunstancias

En la Escritura, Sara tenía más de noventa años cuando dio a luz a Isaac. En lo natural, eso es ser bastante vieja, pero nosotros servimos a un Dios sobrenatural. Él puede hacer un camino donde no lo hay. No aborte a su bebé. No se elimine a sí mismo de sus sueños. No se dé por vencido en aquello que Dios le prometió. Usted aún puede dar a luz. Aún puede conocer a la persona indicada, aún puede empezar su propio negocio, aún puede ir a la universidad, aún puede romper esa adicción. La semilla vive en usted.

Esta es la clave: Usted no puede juzgar lo que está en su interior por lo que está a su alrededor. Todas las circunstancias de Sara decían: "Serás estéril toda tu vida. Estás muy vieja. Ninguna mujer de tu edad tiene bebés. Es imposible". Si ella hubiera creído esa mentira, si hubiera permitido que esa semilla echara raíz, el nacimiento milagroso nunca habría sucedido. Puede atraer lo negativo con sus dudas o puede atraer las bendiciones de Dios con su fe. No permita que lo que ve a su alrededor haga que se dé por vencido ante sus propios sueños.

Recientemente estuve en una gran ciudad. Parte de la ciudad era muy bella, pero la otra parte estaba muy deteriorada. Había kilómetros y kilómetros de casas abandonadas y gente viviendo a la par de casas abandonadas con ventanas y puertas clausuradas. Cuando pasamos por ese vecindario durante el día, había cientos, si no miles, de personas afuera: jóvenes y viejos, solo pasando el tiempo sin propósito aparente ni dirección. Para la mayoría de esas personas, eso es todo lo que habían conocido en su vida. Nacieron allí. Crecieron en los complejos de casas subvencionadas, viviendo en medio de las drogas, la disfunción y la violencia.

Quizá usted esté ahora en algún tipo de ambiente limitado, con nada a su alrededor que le inspire. En lo natural, no hay una manera obvia de que pueda salir, obtener educación y llegar a triunfar, pero lo que esté a su alrededor no determina lo que Dios puso en usted. Usted tiene semillas de grandeza. Está lleno de talento. Dios no creó a nadie sin ponerle algo significativo en su interior. No permita que lo externo, la manera en que fue criado, la carencia, la disfunción, lo convenza de abortar su sueño. Cuando usted se queda en silencio, solo en la noche, cuando está a solas con Dios, si escucha cuidadosamente, podrá oír que algo susurra: "Este no es tu destino. Fuiste hecho para más". ¿Qué es eso? Ese es su bebé pateando. Se debe a que va a dar a luz. Va a ver oportunidades sobrenaturales, bendiciones explosivas y contactos divinos. Dios va a ayudarlo a llegar a donde no puede ir por sí mismo.

> *Usted fue hecho para más.*

Usted puede ser el que rompa la barrera

Eso le sucedió a mi padre. Las estadísticas durante la Gran Depresión decían que él tendría que quedarse en las plantaciones cosechando algodón el resto de su vida. Nadie en su familia había hecho algo diferente. Pero las estadísticas no determinan su destino; Dios sí. No se convierta en una víctima del entorno. El lugar donde está no es lo que usted es.

Mi papá me dijo: "Joel, cuando yo tenía diecisiete años, tomé la decisión de que mis hijos nunca serían criados en la misma pobreza y la escasez que yo crecí". ¿Qué sucedió? Él había concebido. Él podía sentir a ese bebé pateando en su interior. Pero si alguien hubiera estudiado a mi padre en ese entorno limitado, hubiera dicho: "John, no hay nada especial en ti. No vas a hacer nada grandioso". En otras palabras: "No has concebido. No hay indicios externos. No se te nota. Te ves igual". Pero lo que ellos no podían ver era que la concepción ya había ocurrido. Mi padre se veía igual por fuera, pero en su interior la semilla había echado raíz. Él sabía que estaba destinado a dejar huella en su generación. Él no permitió que la gente lo convenciera de lo contrario. Él no permitió que su entorno lo retuviera. Él tenía mejores pensamientos. Él continuaba orando, creyendo y dando pasos de fe. Él dio a luz a todo lo que Dios puso en él.

Así como sucedió con mi padre, las probabilidades pueden estar apiladas en su contra. El informe médico no se ve bien o su entorno no es sano. Nadie le apoya, y usted no tiene las relaciones o los recursos para llegar allí por sí mismo. No se convenza de renunciar. Siga recordándose que usted ya concibió. La semilla que su Creador puso en usted ya ha echado raíz. No tiene nada que ver con lo que usted ha hecho o dejado de hacer, la familia de donde proviene o cuán talentoso sea. Es una semilla de destino. Cuando usted dé a luz, irá más lejos de lo que jamás imaginó.

Cuando Dios le dijo a Abraham que él tendría un hijo como heredero, Sara tenía ochenta años y nunca había tenido un bebé. A todas partes a donde volteaba a ver, decía que ella sería estéril toda su vida. Ella no podía encontrar ninguna otra mujer de ochenta años de edad que hubiera tenido un bebé. Si hubiera podido encontrar una por lo menos, ella habría podido decir: "Dios, lo hiciste por ella. Puedes hacerlo por mí". Pero no pudo encontrar ninguna.

Usted podría ver su entorno y pensar: *yo no conozco a nadie que haya salido de mi vecindario y hecho algo significativo. No conozco a nadie que haya vencido la enfermedad con la que yo estoy luchando. Nadie en mi familia ha podido romper estas adicciones.* La buena noticia es que usted puede ser el primero. Puede establecer un nuevo estándar. Puede ser quien rompa la barrera.

En efecto, Dios le dijo a Sara: "Te daré un hijo. Serás madre de naciones. Reyes de pueblos saldrán de ti". Esa es una mujer de ochenta años, estéril. Vive en el desierto, sin procedimientos médicos y sin tratamientos contra la infertilidad a su disposición, aun así, Dios dice: "Tienes reyes dentro de ti. Tienes naciones en ti". Él estaba diciendo: "Sara, no permitas que las circunstancias te engañen. No dejes que tu entorno te convenza de lo contario. No permitas que tus propios pensamientos te desanimen. Estás embarazada de grandeza". Dios le dice lo mismo. "Tú tienes reyes en ti. Tienes grandeza en tu interior. Estás lleno de éxito. Lleno de talento. Lleno de tu destino".

¡Despierte!

El profeta Joel dijo: "¡Despertad a los valientes, despertad a las valientes!". Estoy aquí para despertar sus sueños, despertar sus talentos, despertar su potencial, despertar lo que Dios puso en usted. Quizá permitió que algunas circunstancias lo convencieran de que algo nunca sucederá, pero yo creo que usted empezará a sentir algunas patadas en su interior. Ese bebé, ese sueño, esa promesa aún vive en usted. Será mejor que se prepare. Dará a luz a algo que le llevará más allá de lo que usted jamás imaginó. Lo impulsará a un nuevo nivel de su destino.

> *Dará a luz a algo que le llevará más allá de lo que usted jamás imaginó.*

Una dama me contó que había tenido un derrame cerebral. Había estado en el hospital durante tres semanas y, finalmente, había podido regresar a casa; sin embargo, estaba muy deprimida. Ella pensaba que nunca podría volver a caminar. Perdió su pasión, perdió su impulso. Pero la Escritura habla acerca de pelear la buena batalla de la fe. Usted no puede ser pasivo y, sencillamente, aceptar lo que venga y pensar que eso es lo que le tocó en la vida. Todos hemos tenido malas circunstancias y decepciones. Esos desafíos no están allí para derrotarlo; están allí para promoverlo. Al otro lado está un nuevo nivel de la bondad de Dios. Pero usted tiene que hacer su parte y recuperar su fuego.

Un domingo, esta dama me escuchó hablando en televisión acerca de cómo Dios quiere restituir lo que ha sido robado, de la forma en que Él puede dar belleza por cenizas, la manera en que usted aún puede vivir plena y saludablemente. Esos son mejores pensamientos. Cuando escuchó eso, ella dijo que algo despertó en su espíritu. Algo tomó vida en su interior. ¿Qué sucedió? Ese bebé empezó a patear. Ella ya estaba embarazada de sanidad. Dios ya tenía la restauración allí, pero cuando su espíritu cobró vida, cuando empezó a creer, allí fue cuando las cosas empezaron a cambiar. En lugar de estar pensando: *Nunca volveré a caminar. Nunca me pondré bien,* ella empezó a declarar: "Estoy sana. Soy fuerte. Soy capaz. Estoy restaurada". Contra toda posibilidad, ella empezó a caminar de nuevo. Está poniéndose más fuerte y sana. Todo empezó cuando algo despertó en su espíritu.

Quizás, al igual que ella, usted está permitiendo

que algo le robe su pasión. No piensa que algún día se pondrá bien, que nunca conocerá a la persona adecuada, que nunca alcanzará su sueño. Reconozca que todo lo que necesita ya está en usted. Si usted aviva su fe, como lo hizo ella, y se pone de acuerdo con Dios, usted dará a luz a su sanidad, dará a luz a sus sueños, dará a luz a esas promesas. Génesis 3:15 dice: "La descendencia de la mujer aplastará la cabeza de la serpiente". Usted recuerda cómo la serpiente engañó a Eva en el Huerto del Edén y trajo todo tipo de problemas. En efecto, Dios estaba diciendo: "Eva, es momento de la revancha. Darás a luz a algo que vencerá a lo que está tratando de vencerte a ti. Tu simiente le aplastará la cabeza".

Con mucha frecuencia buscamos algo externo para que nos ayude a vencer; sin embargo, Dios lo ha puesto en su interior. Dé a luz a lo que Dios puso en usted y deje de confiar en otra gente. Si usted da a luz a ese sueño, ese don, ese talento, así como lo hizo mi padre, su don le abrirá espacio. Su don abrirá algunas nuevas puertas. Si usted da a luz a esa idea, a ese libro o a ese potencial, usted puede librarse a sí mismo de la carencia y la lucha. Jesús dijo: "De lo más profundo de su ser brotarán ríos de agua viva". Su liberación no vendrá de otras personas. Su ascenso, su sanidad, su avance vendrá de su interior. De lo más profundo de su ser brotarán ríos.

IDENTIFIQUE LOS
VERDADEROS DOLORES DE PARTO

"Bien, Joel, creo que he concebido. Tengo sueños grandes y me aferro a las promesas de Dios, pero todo está en mi contra. Pareciera como si mientras más oro, peor se pone. Estoy haciendo lo correcto, pero lo malo está sucediendo". Esto es lo hermoso: El dolor es una señal de que está a punto de dar a luz. Problemas, dificultades, incomodidad: son señales de que se está acercando.

Cuando Victoria estaba embarazada con nuestros dos hijos, los primeros meses no

> *El dolor es una señal de que está a punto de dar a luz.*

fueron gran problema, todo estaba bien. Sin embargo, cuando ya llevaba unos siete u ocho meses, le empezó a doler la espalda, sus pies se empezaron a hinchar y no podía dormir bien en la noche. Mientras más avanzaba el embarazo, más incómoda estaba. Cuando empezó el trabajo de parto, yo estaba en la sala de alumbramiento justo a la par de su cama, y ella tenía su mano en mi brazo. Cuando tenía una contracción, dolía tanto que ella me apretaba el brazo tan fuerte como podía. Ella gritaba y luego yo gritaba. Mientras más se acercaba al nacimiento, más doloroso era. Cuando todo viene en su contra, sus hijos no se comportan, tiene problemas en el trabajo, reveses financieros, no se desanime. Usted está a punto de dar a luz. Está a punto de ver que su promesa se cumplirá.

Es durante los tiempos difíciles que mucha gente aborta su sueño pensando: *Sabía que no funcionaría. El banco me rechazó. El informe médico fue malo. No me dieron el ascenso.* Reconozca que esos son dolores de parto. Usted se está acercando. Mantenga su fe. Siga haciendo lo correcto. El alumbramiento está en camino.

Escuché una historia acerca de una pareja joven que iba caminando por el bosque y llegaron a una gran área de hongos silvestres. Esa noche, decidieron llevar algunos a casa y cocinarlos. Invitaron a sus amigos a cenar en su casa. Una de las guarniciones era hongos salteados. En un momento, la gata grande de la familia, a quien le encantaba comer, se acercó al comedor. El esposo agarró algunos hongos y se los dio a la gata, quien se los comió como si fuera el postre. Aproximadamente una hora después, oyó a la gata haciendo ruidos extraños. Se apresuró a la otra habitación a ver qué le pasaba; el gato estaba tirado sobre su espalda, con espuma en la boca, con intenso dolor. Llamó al veterinario y este preguntó: "¿Qué comió el gato recientemente?"

"Hongos silvestres", dijo el hombre sintiendo un poco de pánico, "pero todos nosotros también comimos".

"Tal vez sean venenosos", dijo el veterinario. "Es mejor que vayan a la sala de urgencias y los examinen de inmediato".

El hombre y todos sus invitados se apresuraron hacia la sala de urgencias. Unas horas después, cuando regresaron a la casa, el hombre fue a ver a la gata pensando que estaría dormida. En vez de eso, la gata estaba echada tranquilamente sobre su costado con los siete gatitos que acababa de dar a luz.

A veces, lo que pensamos que es un revés, en realidad es trabajo de parto. Esa dificultad que usted está enfrentando no es el fin; es parte del proceso de alumbramiento. Usted está a punto de entrar a un

> *A veces, lo que pensamos que es un revés, en realidad es trabajo de parto.*

nuevo nivel de su destino. No se desanime por la decepción, la puesta cerrada, o las malas circunstancias. Eso es una señal de que está a punto de dar a luz a algo más grande.

SIGA CREYENDO. SIGA HACIENDO.

Leí acerca de un caballero que estaba teniendo dificultades para pagar sus cuentas. Él tuvo una niñez difícil. A los dos años de edad, su padre fue a la tienda a comprar abarrotes y nunca volvió a casa, dejando a la madre sola, criando a dos niños pequeños. Conoció y se enamoró de su esposa en la universidad, pero era tan pobre que para su boda tuvo que pedir prestado un traje y una corbata. Él y su esposa tuvieron un bebé y vivían en una casa rodante vieja y en ruinas. Él conducía un carro oxidado que se mantenía entero a base de cinta adhesiva y alambre. En los veranos, trabajaba para una empresa de lavandería durante el día ganando sesenta dólares a la semana. Por la noche, trabajaba como conserje, limpiando oficinas. Él tenía el sueño de llegar a ser escritor, pero comprar una máquina de escribir estaba fuera de su alcance. Tenía que usar la máquina de escribir portátil que su esposa usaba en la universidad y acomodarse en el pequeño cuarto de lavandería. Cuando no estaba trabajando, pasaba hora tras hora escribiendo historias de ficción. Enviaba los manuscritos de sus novelas a diferentes editoriales y agentes, pero todas fueron rechazadas. Él ni siquiera sabía en realidad si ellos las leían. Empezó a escribir una última historia, pero estaba tan desanimado que tiró el manuscrito en la basura. Su esposa regresó a casa y lo encontró arrugado en el basurero, lo sacó, y con el tiempo enviaron la historia a una editorial diferente. Esta vez, el publicista respondió y le ofreció un contrato. La historia vendió más de cinco millones de libros. En 1976, hicieron una película de ella. Ese joven era Stephen King, uno de los escritores más exitosos de nuestro tiempo.

Al igual que él, algunos de ustedes han concebido un libro, han concebido una película, han concebido un negocio, o tal vez, han concebido caridad. Han tenido decepciones, trataron y no funcionó; sin embargo, todavía pueden sentir las patadas por dentro. No puede alejarse de ello. No puede disuadirse de no hacerlo. Todo es parte del proceso. Continúe tratando, siga creyendo, siga haciendo todo lo que pueda y, en el momento justo, dará a luz. Las personas indicadas, las oportunidades correctas y las circunstancias adecuadas llegarán. No puede hacer que suceda por sus propios medios; será la mano de Dios la que lo haga. Lo que Él ha puesto en usted será más grande de lo que pudo haber imaginado, mejor que todo lo que pudo haber soñado y más gratificante de lo que jamás imaginó posible.

Sea optimista. Cada mañana, recuérdese a sí mismo que está lleno, y no de rechazo, fracaso, desilusiones ni derrota. Está lleno de triunfo, lleno de éxito, lleno del favor de Dios. Claro, usted podría haber tenido algunas malas circunstancias, pero al igual que Sara, no va a estar estéril toda su vida, no va a morir con ese bebé aún dentro de usted. Dios tiene la última palabra, y Él dice que el nacimiento viene; lo que Él ha prometido está en camino. Continúe honrando a Dios, siga siendo lo mejor que pueda y yo creo y declaro que dará a luz a todo lo que Dios puso en usted y llegará a ser todo aquello para lo que Dios lo creó.

CAPÍTULO SEIS

La promesa está en usted

Muchas veces, vemos a los demás y pensamos: *Caramba, ellos son tan extraordinarios y yo soy tan ordinario*. O decimos: "Mi prima es tan hermosa, pero yo soy muy simple". Regresamos a casa después del trabajo y le decimos a nuestro cónyuge: "Mi compañero de trabajo es tan inteligente y yo soy tan corriente". Aunque es cierto que ellos podrían ser extraordinarios en ciertas áreas, tiene que darse cuenta que también hay algo sorprendente en usted. Tiene talento, es atractivo y ha sido asombrosa y maravillosamente creado. Dios no quiere que solo andemos celebrando a los demás, animándolos, aunque eso es bueno. Dios quiere que usted también sea celebrado. Usted no fue excluido cuando Dios estaba entregando los dones, los talentos o la apariencia. Él puso algo en usted que hará que brille. Usted puede ser un gran comerciante, un gran empresario, un gran maestro, una excelente madre. Si se enfoca mucho en lo que tienen los demás, no se dará cuenta de lo que usted tiene.

Durante la Segunda Guerra Mundial, la famosa actriz, Betty Grable, era conocida por sus hermosas piernas. Su estudio las tenía aseguradas con el Lloyd's of London por un millón de dólares. Algo nunca oído

> *Tiene que darse cuenta que también hay algo sorprendente en usted.*

en ese entonces, un par de piernas valían un millón de dólares. ¿Quiere ver otro par de piernas de un millón de dólares? Mire las suyas. Si alguien le ofreciera un millón de dólares por sus piernas, usted no lo aceptaría.

Hace algunos años, un hombre perdió un brazo en un accidente. La corte le dio once millones de dólares por ese brazo. Mire su brazo. Vale once millones de dólares. En otra ciudad, una joven se lastimó la espalda mientras iba en un autobús y perdió su capacidad para trabajar. La ciudad le dio veinte millones de dólares. Piénselo. Solo esas tres cosas y usted ya vale treinta y dos millones de dólares. Está empezando a sentirse mejor de sí mismo, ¿cierto? A veces celebramos a los demás, pero Dios dice que es tiempo de celebrarse a sí mismo. Hay algo especial en usted.

Es momento de dar el paso

Durante muchos años, celebré a mi padre. Mi papá era mi héroe. Cuando era pequeño, solíamos viajar a diferentes ciudades y yo veía a mi padre en la plataforma, hablando ante miles de personas. Él era muy cariñoso y amigable. Todos lo amaban. Yo estaba tan orgulloso de que él fuera mi padre. En mi subconsciente, yo pensaba: *Nunca podría hacer eso. Él tiene mucho talento. Es tan diestro.* Al terminar la universidad, trabajé con mis padres en la iglesia, tras bambalinas, haciendo la producción de televisión. Una semana tras otra, veía a mi padre en la plataforma ministrando, marcando la diferencia, haciendo algo grande. Hice lo mejor que pude para que mi padre se viera bien. Me aseguré de que los ángulos de la cámara fueran buenos y que la luz fuera perfecta. Incluso, iba a su casa los sábados por la noche para escoger el traje y la corbata que usaría la mañana siguiente para la televisión y los servicios en la iglesia.

A medida que mi padre fue envejeciendo, la gente preguntaba: "Joel, ¿qué va a pasar cuando tu papá se vaya con el Señor? ¿Quién será el pastor de la iglesia?". Mi padre nunca capacitó ni asignó a un sucesor.

A lo largo de los años, muchas veces intentó que yo ministrara, pero yo no creía tener el don. Sin embargo, cuando él murió en 1999, repentinamente, tuve el fuerte deseo de dar el paso y ser pastor de la iglesia. Nunca había ministrado antes, tampoco fui al seminario. Sin embargo, en el fondo, escuché esa pequeña y suave voz diciendo: "Joel, has pasado toda tu vida celebrando a otros. Ahora es tiempo para que tú seas celebrado. Es tiempo que des el paso hacia un nuevo nivel de tu destino". Siempre supe que Dios tendría cuidado de la iglesia después de que mi padre se fuera, pero nunca soñé que sería a través mío. Pensé que la promesa sucedería en otro momento, pero descubrí que la promesa era mía.

Dios le dice lo mismo. Usted ha celebrado a otros. Ahora es tiempo de celebrarse a sí mismo. Es tiempo de que usted tenga mejores pensamientos acerca de sí mismo. Es tiempo que usted brille. Hay una semilla

Hay una semilla en su interior esperando a florecer.

en su interior esperando a florecer. Quizá no se sienta que puede hacerlo, pero Dios no le habría dado la oportunidad a menos que Él ya lo hubiera equipado y facultado. Usted tiene todo lo que necesita.

La promesa viene a través de usted

Escuché acerca de un ministro que, antes de uno de los servicios matutinos, le dio a un hombre un billete de cien dólares y le pidió que lo colocara, sin que ella se diera cuenta, entre la Biblia de su esposa y que se asegurara de que ella no lo viera. Todos ellos eran amigos, así que el hombre hizo lo que el ministro le pidió.

Durante el sermón, el ministro le pidió a la esposa de este hombre que se pusiera de pie. Le dijo: "¿Confías en mí?".

Ella sonrió y, aunque indecisa y preguntándose qué estaba tramando, dijo: "Sí... confío".

"¿Harás lo que te pida?".

Ella continuaba con su mirada inquisitiva y asintió diciendo: "Sí, lo haré".

"Entonces, abre tu Biblia y dame un billete de cien dólares".

"Oh, lo siento mucho", dijo ella, negando con su cabeza. "No tengo un billete de cien dólares".

"¿Confías en mí?" insistió el ministro un poco más.

"Sí, confío".

"¿Harás lo que te pida?"

"Sí, lo haré".

"Entonces, abre tu Biblia y dame un billete de cien dólares".

Con renuencia, abrió su Biblia y, para su gran sorpresa, vio el dinero allí. Movió su cabeza nuevamente, riendo, y preguntó "¿Cómo llegó allí?".

El ministro sonrió y dijo: "Yo lo puse allí".

De la misma manera, Dios nunca le pedirá a usted algo sin antes haberlo puesto en su interior. Cuando Dios le da un sueño, cuando tiene un deseo y sabe que debe dar un paso de fe, usted podría sentir que no está completamente calificado. Podía decirse a sí mismo que no tiene la sabiduría, el conocimiento o la capacidad para dar ese paso. Sin embargo, si se atreve a darlo, así como lo hice yo, descubrirá que hay en usted cosas que nunca supo que tenía. Yo nunca supe que el don para ministrar era mío. Nunca supe que podía pararme al frente de la gente y ministrarles. Me pregunto cuándos dones tiene, en este momento, solo esperando a ser liberados.

> *¿Cuántos dones hay en usted solo esperando a ser liberados?*

Aquí es donde Sara, la esposa de Abraham, casi lo pierde. Ella pensó que la promesa de Dios llegaría a través de alguien más. Dios le dijo que ella iba a hacer algo grande. Que iba a tener un hijo a una edad mayor y que su esposo llegaría a ser padre de muchas naciones. Ella dijo: "Dios, eso es imposible. Tengo ochenta años. Eso no ha sucedido nunca. Seguramente no te estoy escuchando bien". Pensando que no podría suceder por medio de ella, Sara tomó el asunto en sus propias manos. Hizo que Abraham durmiera con una de sus sirvientas, Agar, y ellos tuvieron un hijo llamado Ismael. Sara vio y dijo: "Allí está, el hijo de la promesa".

Dios respondió: "No, Sara, yo no dije que la promesa estaba en alguien más. Dije que la promesa está en ti. Has pasado toda tu vida celebrando a los demás, pero ahora es tiempo de que tú seas celebrada. Vas a dar a luz. Vas a tener ese bebé. Dejarás huella en la historia". Esos eran los mejores pensamientos que ella debió haber creído en primer lugar; los cuales les habrían evitado muchos problemas familiares con Ismael. Como era de esperarse, cuando Sara tenía más de noventa años de edad, tal como Dios lo había dicho, dio a luz a ese bebé. La promesa fue cumplida.

Lo que Dios ha puesto en su corazón no sucederá a través de su vecino, su primo, su compañero de trabajo, su amigo o sus padres. Dios dice: "Te he ungido. Te he equipado. He soplado mi vida en ti". Ahora, deje de buscar a alguien más. Deje de pensar que no tiene lo necesario. Usted ha sido escogido por el Creador del universo. No necesita que nadie más dé a luz a la promesa que Dios puso en su corazón.

USTED ES LA PERSONA ADECUADA

El Dr. Todd Price es un amigo mío. Él creció siendo muy pobre y vivía en un pueblo pequeño. No parecía tener mucho futuro. Sin embargo, cuando era un niño pequeño, tenía el deseo de ayudar a los niños necesitados. Un día vio un programa en televisión que describía cómo uno puede ser patrocinador de un niño necesitado en un país del tercer mundo por quince dólares al mes. Él no tenía dinero alguno, pero su corazón se conmovió tanto que empezó a cortar el césped y a hacer trabajos de jardinería en el vecindario para recaudar el dinero. Cuando apenas tenía doce años, él empezó a patrocinar a una pequeña niña que vivía al otro lado del mundo. ¿Qué provocó que él hiciera eso? ¿Por qué sentía esa compasión? Era la promesa que Dios puso en él. Era la semilla de grandeza esperando a ser desarrollada.

El Dr. Price no fue criado en un hogar religioso; sin embargo, cada noche, antes de acostarse, él decía:

"Dios, por favor envía a una persona rica a ayudar a esos niños necesitados". Él pudo asistir a la universidad y, durante los veranos, hacía viajes a otros países con un grupo de doctores para tratar a niños necesitados. Cuando veía en sus ojos, él oraba aún con más fervor: "Dios, por favor, envía a una persona rica a ayudar a estos niños". Él encontró una manera para asistir a la facultad de medicina y continuó viajando a otros países. Con el tiempo, llegó a ser doctor y empezó su propia clínica. Uno de sus principales proveedores escuchó que él ayudaba a niños necesitados y le preguntó si le serviría tener suministros médicos, vacunas y antibióticos gratuitos. Por supuesto que sí, y pronto el Dr. Price empezó a llevar un par de valijas llenas de medicamentos en cada viaje. Creció al punto en que él tuvo que poner los suministros médicos en cajas y enviarlos por carga. Todo mientras él seguía orando: "Dios, por favor, envía a una persona rica a ayudar a estos niños necesitados".

En los últimos años, la organización de misiones médicas del Dr. Price, *International Medical Outreach*, ha tratado a más de cincuenta millones de niños en veintiún países. Él ha provisto cerca de mil millones de dólares en medicamentos y suministros. Él dijo: "Hace aproximadamente dos años, cuando estaba tratando al niño número veinte millones, finalmente me di cuenta que Dios había respondido mis oraciones. Pero no fue como yo pensaba. Ahora me doy cuenta que yo era esa persona rica". Lo que él estaba diciendo era: "La promesa está en mí".

Usted no necesita que nadie más dé a luz a lo que Dios ha puesto en su corazón. Quizá está esperando por la persona *adecuada*. Dios dice: "Tú eres la persona adecuada. Mi unción está sobre tu vida. Mi favor está en tu vida. Estás equipado y facultado. Puedes hacer algo grande". Ahora bien, no haga lo que hizo Sara y diga: "Está bien, Dios, déjame encontrar a alguien más joven, más listo, más educado y con más talento". Usted tiene lo necesario. No pierda su destino esperando por alguien más.

> *No pierda su destino esperando por alguien más.*

DIOS NO CAMBIA DE PARECER

Cuando mi padre se fue con el Señor, en mi subconsciente pensé que Dios enviaría a un pastor principal con una personalidad dinámica y una voz resonante y con varios títulos académicos en su nombre. Estaba buscando y pensaba, *¿Dónde está?* Siempre, en mi interior, podía escuchar una pequeña voz suave diciendo: "Joel, es tu momento. Este es tu momento. La promesa está en ti". Dije, "Dios, yo no tengo una voz resonante. No tengo una personalidad dinámica. No tengo los títulos". Dios dijo: "Joel, yo te formé antes de la fundación del mundo. Puse en ti todo lo que necesitas. No te pediría que lo hicieras si no tuvieras lo que se necesita". Di el paso y, al igual que el Dr. Price, descubrí que *yo* era la respuesta a mis oraciones. Quizá usted está orando por otra persona que venga y haga que su sueño se realice. Dios dice: "Tú eres la respuesta a tu oración. Estás equipado y ungido; puedes hacer algo grande".

Al igual que con Sara, solo porque nosotros no creamos que sucederá, Dios no cambia de parecer. Sara esperó más o menos una docena de años para dar a luz a Isaac. Reavive su fuego, recupere sus sueños. Aún va a dar a luz a todo lo que Dios ha puesto en su corazón.

Esto es lo que hizo Caleb. Él y Josué eran dos de los doce hombres que Moisés envió a espiar la Tierra Prometida. Ellos regresaron diciendo: "Podemos tomar la tierra; vamos de inmediato". Ellos sabían que la promesa estaba en ellos, pero el informe negativo de los otros diez espías convenció a toda la nación de Israel, acampada a la par de la Tierra Prometida, de que ellos no podrían vencer a sus enemigos, y nunca entraron a la Tierra Prometida.

Cuarenta años después, cuando Caleb tenía

ochenta y cinco años de edad, él pudo haber estado sentado en una silla mecedora, pasándola tranquilo. Sin embargo, Caleb todavía estaba enardecido por no haber entrado a la Tierra Prometida. Él sabía que la promesa todavía estaba en él. Él regresó al lugar donde había estado cuarenta años antes, el lugar a donde los otros no irían y declaró: "Dame esta montaña". Lo interesante es que esa montaña tenía tres gigantes feroces viviendo allí, los gigantes que los otros diez espías dijeron que los había hecho sentir como saltamontes. Pudo haber sido mucho más fácil pedir por una montaña con menos oposición; quizá solo con solo un gigante, o mejor aún, sin gigantes. Sin embargo, la actitud de Caleb fue: *Dios, esto es lo que tú me prometiste, y no voy a conformarme con la mediocridad cuando sé que pusiste grandeza en mí. Sí, soy más viejo; sí, ha pasado mucho tiempo. He cometido errores. He atravesado decepciones. Pero Dios, todavía creo que la promesa está en mí.* A los ochenta y cinco años: entró, conquistó a los enemigos, sacó a los gigantes, tomó la montaña y vio al sueño hecho realidad.

> *Intensifique la llama, avive los dones, pues la promesa está en usted.*

Usted podría pensar que ha pasado mucho tiempo. Está muy viejo. Ha perdido muchas oportunidades. Dios dice: "Todavía puedes entrar a tu tierra prometida. Todavía puedes hacer algo grande". La Escritura nos dice que intensifiquemos la llama, que avivemos los dones, pues la promesa está en usted.

NO SE SORPRENDA POR LA OPOSICIÓN

Mi hermano, Paul, es cirujano y pasa varios meses al año en África operando en pequeñas aldeas. Uno de los guías del safari le dijo que cuando una gacela o un ñu estaba por parir, un león la seguía de cerca. Día tras día, el león seguía a la madre cargada, esperando que entrara en trabajo de parto. El león sabe que cuando ella entra en trabajo de parto, es un blanco fácil porque no puede defenderse. De manera que el león espera que la madre entre en trabajo de parto y luego, no solo la ataca y la mata a ella, sino también a la cría.

En la vida es el mismo principio. Usted enfrentará sus ataques más grandes cuando esté a punto de dar a luz a los sueños que Dios ha puesto en su corazón. El enemigo espera hasta que esté cercano al ascenso, próximo a su avance. Él atacará cuando usted está justo por pasar a un nuevo nivel. No se sorprenda si enfrenta oposición o si atraviesa una decepción. Quizá el amigo con quien contaba no esté allí. O eso está tardando más de lo que usted esperaba. Eso sencillamente significa que usted está a punto de dar a luz a lo que Dios ha puesto en su corazón. La buena noticia es que las fuerzas que están a su favor son mayores que las fuerzas que están en su contra. Su destino no puede ser detenido por una mala circunstancia, por decepciones, por oposición o por otras personas. Dios tiene la última palabra. Él dice: "Ningún arma forjada contra ti prosperará".

Quizá esté enfrentando grandes desafíos, las circunstancias se le oponen. Esa es una señal de que usted está a punto de ver su sueño hecho realidad. Este no es el momento para desanimarse. Este es el momento para que usted se ponga firme y declare: "Vine a ganar. Sé que la promesa está en mí. No voy a permitir que esta decepción, este revés o esta persona robe mi destino. Voy a dar a luz a todo lo que Dios ha puesto en mi corazón".

Esa fue la actitud de un joven llamado Troy. Él venía de un hogar de una madre soltera. Su familia había atravesado muchos problemas. Su madre se enfermó y fue sometida a una cirugía en el cerebro. Durante una gran inundación, lo perdieron todo. Era una mala circunstancia tras otra. Parecía que Troy nunca podría obtener la oportunidad de hacer algo grande. Las probabilidades estaban en su contra. Sin embargo, Troy siempre tuvo un gran sueño para su vida. Cuando estaba en tercer grado, escribió en una tarea escolar que él iba a recibir una beca para ir a la universidad. Aun siendo preadolescente, él podía sentir la promesa en él para avanzar, para dejar huella. Su sueño era ir a la universidad Georgetown, para obtener un doctorado en relaciones internacionales y llegar a ser el secretario de estado de los Estados Unidos.

Para la madre de Troy, una madre soltera, ese nivel de educación parecía imposible. Troy pudo haber pensado: *Qué mal me va. Tengo un gran sueño, pero no tengo el dinero. No tengo las relaciones.* Sin embargo, la actitud de Troy era, *La promesa está en mí. Lo que Dios ha dicho sobre mi vida sucederá.* Esos son los mejores pensamientos que él necesitaba. Él no se acomodó y esperó que Dios hiciera todo por él. Él sobresalió en la escuela. Tomó cursos de nivel universitario en el décimo grado. Se graduó en segundo lugar en su clase de bachillerato. Troy recibió no solo una beca, le otorgaron nueve becas con valor total de más de un millón de dólares. Su licenciatura, su maestría y los estudios de doctorado estaban completamente pagados para ir a la universidad Georgetown.

Un fuego ardiente
encerrado en sus huesos

En la Escritura, Dios puso la promesa en Jeremías que él sería un profeta y les hablaría a las naciones. Jeremías era joven, temeroso y no creía poder hacerlo. La gente y los obstáculos se le oponían. Se desanimó tanto que estaba a punto de rendirse. Con el tiempo, Jeremías empezó a contarle a Dios lo mal que estaba su situación. Hizo una lista de quejas, una tras otra. "Dios, estas personas se burlan de mí. Cuando hablo, se burlan de mí. Estoy siendo ridiculizado. Estoy cansado. Me siento solo. Intimidado". Jeremías tenía una lista larga.

Sin embargo, justo cuando uno piensa que Jeremías renunciaría, él dijo: "Dios, tengo ganas de rendirme, pero tu palabra en mi corazón es como un fuego ardiente encerrado en mis huesos".

Él estaba diciendo: "Dios, no sé cómo pueda suceder. Todas las probabilidades están en mi contra. Pero esta promesa que tú pusiste en mí no se irá. Es como fuego. Es como un ardor. No puedo escaparme de él". Cuando Jeremías empezó a pensar mejor y permitió que el fuego ardiera, la pasión de su vida fue restaurada.

Quizá usted esté en una posición donde

fácilmente puede ser desanimado y rendirse ante lo que Dios ha puesto en su corazón. Pero la buena noticia es que tal como le pasó a Jeremías, hay un fuego ardiente encerrado en sus huesos. Hay una promesa que Dios ha pronunciado sobre usted que no morirá. Usted puede intentar ignorarla, y su mente o los demás lo tratarán de convencer que nunca sucederá. Sin embargo, en el fondo, usted sentirá un ardor, una inquietud, un fuego. Esa es la promesa que Dios puso en usted. Dios lo ama mucho como para permitirle que se quede en el nivel promedio. Él lo empujará hacia la grandeza. Usted va a lograr más de lo que pensó posible. Usted va a ir más allá de lo que soñó. Usted va a ver la extrema grandeza del poder de Dios.

> *Usted va a lograr más de lo que pensó posible.*

Lo que Él ha dicho sobre su vida sucederá.

Usted no necesita que nadie más dé a luz a aquello que Dios ha puesto en su corazón. Deje de buscar a otra persona. Usted es la persona adecuada. Está equipado. Está ungido. Tiene lo necesario. Ahora avive lo que lleva dentro. Es tiempo de que usted sea celebrado. Es tiempo de que usted ascienda a un nuevo nivel. ¡Es tiempo de que usted haga algo grande!

CAPÍTULO SIETE

Pida en grande

Cuando Dios desplegó el plan para su vida, Él no solo puso lo que usted necesitaba para sobrevivir, para soportar hasta el final. Él puso más que suficiente allí. Él es un Dios de abundancia. Vemos esto a lo largo de toda la Escritura. Después que Jesús multiplicó el almuerzo del niño de cinco panes y dos pescados, miles de personas comieron e, incluso, hubo doce canastas llenas de lo que sobró. Es interesante que habían contado a la gente previamente, así que ese día Jesús sabía cuántas personas había en la multitud. Si Él hubiera querido ser exacto, pudo haber hecho solo lo suficiente para que no hubiera sobras. Él, a propósito, hizo más que suficiente. Ese es el Dios al que servimos.

David dijo: "Mi copa rebosa". Él tenía

abundancia, más de lo que necesitaba. Sí, debemos agradecer a Dios porque nuestras necesidades están suplidas. Debemos ser agradecidos porque tenemos suficiente, pero no se conforme con eso. Ese no es su destino. Él es un Dios de *más que suficiente*. Él quiere que usted tenga en abundancia para que pueda bendecir a quienes le rodean.

Esto es lo que los israelitas no comprendieron. Ellos habían sido esclavos durante tantos años que se habían condicionado a no tener suficiente, a conformarse con poco. Cuando Faraón se enojó con Moisés, él les dijo a sus capataces que forzaran a los israelitas a hacer la misma cantidad de ladrillo sin proveerles la paja. Estoy seguro que los israelitas oraron: "Dios, por favor, ayúdanos a alcanzar nuestras cuotas". Oraron con una mentalidad de esclavo, con un pensamiento limitado. En lugar de pedir ser libertados de sus opresores, ellos estaban pidiendo convertirse en mejores esclavos. En lugar de pedir por lo que Dios les había prometido, una tierra que fluía leche y miel, oraron que Dios les ayudara a funcionar mejor en su disfuncionalidad.

¿Está usted pidiendo llegar a ser un mejor esclavo o está pidiendo por la vida abundante, rebosante, *más que suficiente* que Dios tiene para usted? Dios dice que usted está destinado para reinar en la vida, que está bendecido y que no puede ser maldecido, que todo lo que toque prosperará y tendrá éxito. No ore solamente para pasarla, para soportar. Atrévase a pedir en grande. Pida por lo que Dios le prometió. El informe médico no se ve bien. Está bien. Hay otro informe: "Dios, tú dijiste que me devolverías la salud. Dijiste que tú cumplirías el número de mis días". Quizá usted ha atravesado una decepción, una mala circunstancia. No ore: "Dios, ayúdame a lidiar con esta soledad. Dios, ayúdame a aguantar esta depresión". Esa es una mentalidad de esclavo. Cámbielo con algunos pensamientos mejores: "Dios, tú dijiste que me darías belleza a cambio de estas cenizas, gozo en lugar de luto y que tú me devolverías el doble por esta situación injusta". O quizá su sueño parezca imposible. No ve cómo podría funcionar: "Dios, tú dijiste que tus bendiciones me perseguirían, que estoy rodeado de favor, que la bondad y la misericordia me seguirían y que tú me darías los deseos de mi corazón".

> *No ore solamente para pasarla, para soportar. Atrévase a pedir en grande.*

No le ponga límites a Dios y pida en grande, no con una mentalidad de esclavo, no con un pensamiento limitado. No le pida a Dios que le ayude a funcionar mejor en su disfuncionalidad. Pídale a Dios que le ayude a pensar en grande para que pueda vivir mejor. Pídale sus sueños. Pídale nuevos niveles. Pídale bendiciones explosivas. Pídale que lo impulse hacia su propósito.

Más que suficiente

Una dama que conozco hizo lo siguiente. Ella tiene cuatro nietos pequeños a quienes terminó criando. Ella no tenía eso planeado, pero algo sucedió con su hija. Al principio, estaba un poco desanimada, no sabía cómo iba a funcionar eso. Tres de los niños estaban en escuelas privadas, lo cual era muy caro, y la abuela no tenía los fondos adicionales para seguir pagando la colegiatura. Con una mentalidad de esclava, ella pudo haber orado así: "Dios, esto no es justo. Nunca podré proveer para mis nietos. Por favor, solo ayúdanos a sobrevivir". En vez de eso, ella tuvo la valentía de pedir en grande. Ella dijo: "Dios, yo no tengo los fondos para mantener a mis nietos en una escuela privada, pero sé que tú eres dueño de todo. Eres un Dios de abundancia. Y, Dios, te estoy pidiendo que hagas un camino, aunque no sé cómo lo harás".

Al final del primer año escolar de los niños, ella debía una pequeña cantidad de la colegiatura, así que fue a la escuela a pagar. La secretaria buscó su récord en la computadora y dijo: "No, usted no debe nada. Todo está pagado".

"Eso no puede ser", respondió la abuela. "Tengo la notificación justo aquí. Esto dice que debo esta cantidad".

La secretaria volteó el monitor y dijo: "No, señora. Aquí mismo dice que la colegiatura de los tres niños ha sido pagada, no solamente por el resto de este año, sino hasta el octavo grado". ¡Un donante anónimo había llegado y pagó por adelantado la colegiatura para los siguientes años!

Dios puede hacer que sucedan las cosas que usted nunca hubiera podido hacer. Él ya ha puesto abundancia en su futuro. Él ya alineó a las personas indicadas, las circunstancias que necesita, que se abran las puertas que usted nunca habría podido abrir. Mi pregunta es: "¿Está pidiendo en grande?".

Si va por la vida orando solo "para apenas pasarla", perderá la plenitud de su destino.

¿O está permitiendo que sus circunstancias, la forma en que fue criado, lo que alguien dijo, lo persuadan de lo contrario? Si va por la vida orando solo "para apenas pasarla", perderá la plenitud de su destino.

Sin embargo, cuando usted comprende esto en su espíritu que el Dios que sopló aliento de vida en usted, el Dios que lo llamó, lo apartó y lo coronó con favor es un Dios de *más que suficiente*, un Dios de abundancia, un Dios que da hasta rebosar, tendrá la valentía de pedir cosas grandes. Esos son pensamientos de poder que cambiarán la forma en que vive. Usted no solo pediría para tratar la adicción, sino para ser libre de ella. Usted no solo pediría para pagar sus cuentas, sino para salir completamente de deudas y poder bendecir a otros. Usted no solo pediría ver a su hijo volver al camino correcto, sino que Dios lo use para dejar huella en esta generación.

¿Qué es lo que quiere?

El libro de Mateo registra la historia de Jesús atravesando un pueblo donde había dos hombres ciegos al lado del camino. Cuando ellos oyeron toda la conmoción y que Jesús pasaba por allí, empezaron a gritar: "¡Jesús, ten misericordia de nosotros!". Jesús se acercó y les dijo: "¿Qué es lo que quieren que haga por ustedes?". Parecía una pregunta extraña. Es obvio lo que ellos necesitaban. Estaban ciegos. ¿Por qué les preguntó Jesús? Porque Él quería ver lo que ellos estaban creyendo. Ellos pudieron haber dicho: "Jesús, solo necesitamos un poco de ayuda aquí. Estamos ciegos. Necesitamos un lugar un poco mejor para vivir o un poco de dinero para comprar comida". Si ellos hubieran pedido con una mentalidad limitada, esta los hubiera mantenido en derrota. En vez de eso, pidieron en grande. Dijeron: "Señor, queremos ver. Queremos que nuestros ojos sean abiertos". Ellos estaban diciendo: "Sabemos que puedes hacer lo imposible". Cuando Jesús escuchó su petición, Él tocó sus ojos y ellos pudieron ver en ese mismo instante.

Dios nos pregunta lo mismo que les preguntó a esos dos hombres ciegos: "¿Qué es lo que quieres que haga por ti?". Ahora bien, la forma en que usted responda va a tener un gran impacto en lo que Dios haga. No diga: "Dios, solo quiero lograr pasar este año. ¿Has visto lo que cuesta la renta de los apartamentos en estos días?". "Dios, mi familia es tan disfuncional, solo ayúdanos a sobrevivir". "Dios, no me gusta mi trabajo. Ayúdame a aguantarlo". Eso va a limitar su destino.

Haga lo que hicieron esos hombres ciegos. Atrévase a pedir en grande. "Dios, quiero ser libre de esta adicción". "Dios, quiero conocer a la persona indicada". "Dios, quiero ver a toda mi familia sirviéndote". "Dios, quiero empezar mi propio negocio". Pida por sus sueños. Pida hasta por cosas que parecen imposibles. La Escritura dice: "Pedís y no recibís, porque pedís con malos propósitos". La frase *malos propósitos*, en el lenguaje original, significa "enfermo, débil, miserable".

Cuando pedimos convertirnos en mejores esclavos, esa es una oración enferma. Cuando pedimos a penas salir adelante, soportar, apenas lograrlo, esa es una oración débil. Eso es pedir con malos propósitos. Dios dice: "Yo creé todo el universo. Soy dueño de todo. No vengan a mí con una oración enferma, una oración débil, pidiéndome que los ayude a vivir en la mediocridad, a soportar el problema y sobrevivir otro mes. Cuando vengan a mí, pidan en grande, sabiendo que soy el Dios de *más que suficiente*". Él está diciendo: "Pídanme que me revele en su vida. Pídanme que los sane de una enfermedad. Pídame que acelere sus metas".

Cuando pide en grande, Dios llama a eso una oración sana. Allí es cuando Él les dice a los ángeles: "Vayan a trabajar. Liberen mi favor. Aflojen esas cadenas. Abran nuevas puertas". "Bueno, Joel, yo solo estoy orando para que pueda salir de estos tiempos difíciles. El negocio va muy lento". ¿Me permite decir esto con mucho respeto? Esa es una oración enferma. ¡Esa oración tiene gripe! "Yo estoy orando para poder dominar esta adicción. Mi abuela la tuvo. Mi madre la tuvo. Ahora yo también". Esa es una oración débil. Su actitud debería ser: *Dios, esta adicción sigue siendo heredada a lo largo de mi linaje, pero yo creo que este es un nuevo día y que tú me has levantado para ponerle un alto a esto, que yo seré el que rompa la maldición generacional y empiece una bendición generacional.*

No pida convertirse en un mejor esclavo. Pida ser quien marque la diferencia. Pida fijar un nuevo estándar. Cuando usted dice: "Dios, ayúdame a obtener esa beca para que pueda ir a la universidad", no solo es estar esperanzado, solo ser positivo; es su fe siendo liberada. Eso es lo que permite que Dios haga grandes

> *Pida ser quien marque la diferencia. Pida fijar un nuevo estándar.*

cosas. O, "Dios, no tengo los fondos para construir el proyecto en este momento; sin embargo, Señor, quiero agradecerte la oportunidad que se me presenta, las bendiciones que me persiguen". No más oraciones enfermas. No le ponga límites a Dios. Pida en grande. Este es el año de Dios para revelarse en su vida, para acelerar su bondad, para impulsarle hacia su destino.

No más oraciones débiles, enfermas

Esto es lo que un hombre de nombre Jabes hizo en la Escritura. Su nombre, literalmente, significa:

"dolor, pesar, sufrimiento". Cada vez que alguien decía: "Hola, Jabes", estaba diciendo: "Hola, problema". "Hola, pesar". "Hola, dolor". Ellos profetizaban derrota y fracaso. Usted puede imaginar cómo él pudo haber permitido que eso lo mantuviera en la mediocridad, que lo hiciera sentir inferior e inseguro. Sin embargo, había algo diferente acerca de Jabes. A pesar de su dura crianza, a pesar de la forma en que la gente lo etiquetaba, él vio hacia los cielos y dijo: "Dios, te pido que me bendigas de verdad". Él pudo haber dicho solo: "Dios, bendíceme". Eso habría estado bien. Pero él se atrevió a pedir en grande.

Se suponía que Jabes fuera un hombre con problemas y angustia, que viviera deprimido y derrotado, pero él se sacudió la mentalidad de esclavo. Su actitud era: *No importa lo que la gente diga de mí. No importa cómo se ven mis circunstancias. Yo sé quién soy, un hijo del Dios altísimo.* Él dijo: "Dios, agranda mis territorios". Él estaba diciendo: "Dios, ayúdame a ir por encima de lo normal. Permíteme ver abundancia. Permíteme ver más de tu favor". Estoy seguro que los pensamientos le dijeron: "Jabes, Dios no te va a bendecir. No vienes de la familia adecuada. Sus propios padres te etiquetaron: 'pesar, dolor, problema'". Pero la gente no determina su destino; Dios sí. La Escritura dice que Dios concedió a Jabes su petición. Dios lo bendijo de verdad.

Al igual que Jabes, usted podría tener suficientes razones para quedarse donde está: lo que no obtuvo, lo que la gente dijo, cuán imposible parece. Las probabilidades podrían estar en su contra, pero la buena noticia es que Dios está a su favor. Él es más poderoso que cualquier fuerza tratando de detenerlo a usted. Él sabe cómo compensar lo que usted no obtuvo. Él puede impulsarlo más allá de lo que usted se haya imaginado, pero tiene que hacer lo que hizo Jabes y orar con atrevimiento. Pida, a pesar de lo que parezcan las circunstancias. Pida, a pesar de lo que la gente le dice. Pida, a pesar de lo que el enemigo continúa susurrando en su oído.

Jabes pudo haber hecho una oración débil, enferma, y pensado: *Dios, he tenido algunas malas circunstancias. Tuve una crianza difícil. Solo te pido que me ayudes a sobrevivir.* Si él hubiera hecho eso, no estaríamos hablando de él hoy. Si usted va a vencer las probabilidades, a sobresalir entre la multitud y a alcanzar su máximo potencial, tiene que aprender este principio de pedir en grande.

HOY ES SU CUMPLEAÑOS

Dios dijo en Salmos 2, en la versión *The Message*[1] [El Mensaje]: "Tú eres mi hijo, y hoy es tu cumpleaños. ¿Qué quieres? Dilo: ¿Las naciones como presente? ¿Los continentes como obsequio? Tú puedes gobernarlas a tu gusto, o desecharlas junto con la basura de mañana". Observe cuán grande piensa Dios. A veces oramos por un aumento de tres dólares la hora; Dios habla

> *¿Qué quieres? Dilo: ¿Las naciones como presente?*

acerca de darle las naciones. Oramos por un ascenso; Dios tiene un negocio para que usted sea el propietario. Oramos por poder pagar nuestras cuentas; Dios planea bendecirlo para que usted pueda pagar las cuentas de otros. Estamos viendo cinco panes y dos peces; Dios piensa en doce canastas de excedente.

¿Qué significa "Hoy es tu cumpleaños"? El día de su cumpleaños, más que en cualquier otro momento, usted se siente con derecho a pedir por algo que no es común. Normalmente, no quiere que nadie haga un esfuerzo extra por usted, pero en su cumpleaños, usted piensa: *Bueno, voy a pedir tal cosa. Voy a pedir un nuevo traje o un juego de palos de golf.* Con el paso del tiempo, cuando crecemos, nuestro entusiasmo podría disminuir un poco, pero piense cuando era niño. Usted sabía que ese era su día especial. Tenía la osadía de pedir por lo que realmente quería.

Hace algún tiempo, un niño se me acercó en el pasillo. Él tenía cinco años y siempre lo veía en la iglesia. Se me acercó corriendo, muy emocionado, y exclamó: "¡Hoy es mi cumpleaños!". Le di un abrazo grande y le dije: "¡Feliz cumpleaños!". Caminé unos cinco pasos y él regresó y me agarró de la pierna y dijo nuevamente: "¡Es mi cumpleaños!". Yo pensé: *Lo sé, me lo acabas de decir hace cinco segundos.* Nos abrazamos y lo hicimos nuevamente como si fuera la primera vez. Eso sucedió una y otra y otra vez. Me costó pasar por el pasillo. Como a la séptima vez, él vino y me agarró la pierna. Esta vez, en lugar de decirme que era su cumpleaños, me vio y dijo: "¿Qué me vas a comprar por mi cumpleaños?". La razón por la que seguía regresando era porque él se sentía con derecho de pedir un regalo. Él sabía que era su día especial.

Dios dice: "Cuando ores, actúa como si fuera tu cumpleaños. Atrévete. Pídeme lo que realmente quieres. No seas tímido. No te reprimas. Cuéntame tus sueños. Cuéntame lo que esperas. Pide las cosas secretas que puse en tu corazón".

Cuando nuestro hijo, Jonathan, era pequeño, le gustaban los muñecos de los *Power Rangers*. Él nunca pedía mucho por eso, pero en su sexto cumpleaños, dijo: "Papá, yo de verdad quiero ese nuevo *Power Ranger* que vi en la televisión". Fuimos a la tienda de juguetes más cercana, pero ese *Power Ranger* estaba agotado. Fuimos a otra tienda, y no lo tenían; y a otra, y otra, y otra. Normalmente, yo me habría dado por vencido, pero era el cumpleaños de mi hijo. No quería defraudarlo. Finalmente, encontramos uno en una tienda de juguetes a una hora de distancia. Nos tomó medio día ir a conseguir ese muñeco de catorce dólares. Pero, como padre, no me importó hacer el esfuerzo.

Usted sabe, como padres, uno hace lo que sea por sus hijos, especialmente en su cumpleaños. ¿Cuánto más hará nuestro Padre celestial para que sucedan las cosas? Pídale sus sueños. Pídale que cambie a su hijo. Pídale por su sanidad. Usted no es una molestia para Dios. "Bueno, Joel, Dios tiene cosas más importantes que tratar conmigo". No, usted es lo más importante para Dios. Usted es la niña de sus ojos. Su más preciada posesión. De la misma forma en que yo anduve por toda la ciudad para encontrar el muñeco para darle a mi hijo por lo que soñaba en su cumpleaños, Dios moverá los cielos y la tierra para que su destino se lleve a cabo en su vida. Atrévase a pedir en grande.

ES LA BUENA VOLUNTAD DE SU PADRE

Con mucha frecuencia, en lugar de acercarnos a Dios como si fuera nuestro cumpleaños, creyendo que Él hará algo especial, hacemos exactamente lo opuesto. "Joel, no puedo pedir lo que realmente quiero. No sería correcto. Eso sería codicioso. Eso sería egoísta". La Escritura dice que es la buena voluntad del Padre darle el reino. Nada hace más feliz a Dios que verlo encaminarse hacia aquello para lo que fue creado. El Salmo 2 dice: "Hoy es tu cumpleaños, ¿qué quieres?". Observe que "hoy" siempre está en el presente. Cuando usted se levante temprano en la mañana, Dios estará diciendo: "Hoy es tu cumpleaños".

> *"Hoy es tu cumpleaños, ¿qué quieres?". Observe que "hoy" siempre está en el presente.*

Dentro de dos semanas, "Hoy es tu cumpleaños". Dentro de siete años, "Hoy es tu cumpleaños". Cada mañana, cuando se levante, solo imagine a Dios diciendo: "Feliz cumpleaños, hijo". "Feliz cumpleaños, hija". ¿Por qué hace esto? Para que usted se atreva a pedir las cosas que normalmente no pediría.

Cuando me informaron que el *Compaq Center* iba a estar a la venta, algo se encendió en mi interior. Yo sabía que se suponía que fuera nuestro, pero toda voz decía: "Nunca sucederá. Es demasiado grande, Joel. No lo merecen. ¿Quiénes se creen que son para atreverse a pedirlo?". En lugar de creer esas mentiras, hice lo que le pido que haga. Fui a Dios como si fuera mi cumpleaños y dije: "Dios, sé que esto es poco convencional. Normalmente, nunca habría pedido esto, pero, Dios, creo que lo pusiste en nuestro camino. Esto es parte de mi destino. Así que, Dios, te pido que abras un camino aun cuando no lo veo".

Lo interesante es que en todas las cosas grandes que le he pedido a Dios, nunca, ni una vez, sentí como si Él dijera: "Joel, tienes muchas agallas. ¿Qué pretendes al pedir por eso?". Justo lo opuesto. En mi corazón, puedo sentir a Dios susurrando, "Joel, me encanta el hecho de que te atrevas a pedir en grande. Me encanta el hecho de que creas que puedo hacer lo imposible". Por supuesto, no todo lo que he pedido ha sucedido, pero el punto es que, si uno va a Dios con fe como la de un niño, creyendo que es su cumpleaños, pidiendo por cosas que normalmente no pediría, habrá veces cuando vea a Dios revelarse en su vida en maneras más grandes de lo que jamás imaginó.

Hágase notar y marque la diferencia

Eso hizo Salomón. En el Salmo 72, hizo una oración que parecía egocentrista. Él le pidió a Dios que lo hiciera muy conocido, que su fama se expandiera por toda la tierra, que la riqueza y el honor de otras naciones le fuera dado, y que reyes y reinas se inclinaran ante él. Usted pensaría que Dios habría dicho: "Salomón, ¿qué te pasa? No voy a hacerte famoso. No te voy a dar ese honor, riqueza e influencia. Necesitas aprender algo de humildad". Sin embargo, Dios no lo reprendió. Dios no le dijo que era egoísta y codicioso. Dios hizo exactamente lo que él pidió. Salomón llegó a ser una de las personas más famosas de su tiempo. La reina de Saba llegó, se inclinó ante él y le llevó oro y plata.

Esta es la clave: La razón por la que Dios respondió esa atrevida oración es porque Salomón continuó, "Dios, si me haces famoso, si me das influencia y riqueza, yo la usaré para ayudar a las viudas, cuidar a los huérfanos, hacer justicia al oprimido, dar voz a los que no tienen ninguna". Él pidió en grande, no solo para verse impresionante, andar en carros elegantes y vivir en el palacio más grande. Era para que él pudiera levantar al caído, restaurar al quebrantado y ayudar al herido para engrandecer el reino de Dios. Dios no tiene problema alguno en darle influencia, honor, riqueza y hasta fama,

> *Pida en grande para que pueda levantar al caído, restaurar al quebrantado y ayudar al herido para engrandecer el reino.*

en tanto su sueño, de alguna manera, esté conectado en ayudar a los demás, en hacer de este mundo un mejor lugar. Cuando sus intenciones se alinean con las intenciones de Dios para los demás, Él ayudará a que su vida sea mejor.

Dios está levantando una nueva generación de Salomones, gente que se atreve a decir: "Dios, hazme famoso en mi campo. Permite que mis dones y talentos sobresalgan. Permite que mi trabajo sea tan excelente, inspirador, que la gente que me rodea sepa quién soy, no para mi gloria, sino para que pueda usar mi influencia para engrandecer tu reino". Cualquiera que sea el campo donde está: medicina, ventas, construcción, contabilidad, enseñanza, le reto a orar: "Dios, hazme famoso en mi campo. Permíteme brillar. Dame influencia".

Si usted es arquitecto, atrévase a orar: "Dios, dame ideas, creatividad y diseños que destaquen". Luego use su influencia para diseñar un hogar para niños u orfanatos.

Si usted es mecánico, atrévase a orar: "Dios hazme famoso. Permíteme ser tan diestro y tener tanta pericia que la gente me busque para ver cómo se hace". Luego use su influencia en arreglar los vehículos de madres solteras, para ser mentor de jóvenes y enseñarles el oficio.

Si usted está en la profesión médica, atrévase a orar: "Dios, hazme famoso. Permíteme desarrollar procedimientos para beneficio de la humanidad". Luego, use esa influencia para ayudar a quienes no pueden pagarla. No hay límite en lo que Dios hará por usted si usa lo que Él le ha dado para ayudar a otros.

Una vez, estaba jugando basquetbol con unos amigos, y tuve que irme temprano a una cita médica. Un compañero de mi equipo trabaja en el campo de la medicina y me preguntó a quién iba a ver. Dije: "al Dr. Price, un amigo mío".

Él me miró y dijo: "¿*El* Dr. Price?".

"No, *solamente* Dr. Price", respondí. "Tengo treinta años de conocerlo".

"¿Es él *el* Dr. Price, quien está en infectología?".

"Sí, ese es", dije.

"¡Caramba!", exclamó, "¡él es el mejor! Es famoso. La gente viene de todas partes a verlo".

Yo mencioné antes lo que el Dr. Price hace con su "fama", su riqueza y su influencia, la usa para ayudar a gente necesitada en países del tercer mundo. El Dr. Price nunca soñó que estaría donde está. Dios lo hizo famoso, no famoso de revista, sino famoso en su campo.

Me pregunto qué pasaría si usted se atreviera a orar: "Dios, hazme famoso. Dios, haz que yo sobresalga para que pueda hacer la diferencia en este mundo". Dios puede hacer que sucedan cosas que usted nunca podría hacer que sucedieran. Él hará que usted sobresalga para que pueda usar su influencia, no solo para alcanzar sus metas, sino para ayudar a otros a lo largo del camino.

Ahora, haga su parte. No más oraciones enfermas. No más oraciones débiles. Deshágase de esa mentalidad de esclavo. Busque a Dios como si fuera su cumpleaños. Pídale por sus sueños. Como hizo Jabes, atrévase a decir: "Dios, bendíceme en verdad". Si hace esto, yo creo y declaro que tal como Él hizo con Salomón, Dios va a darle más influencia, más recursos y más notoriedad. Usted va a alcanzar sus sueños, subir más alto de lo que jamás pensó posible y a convertirse en todo aquello para lo que Dios lo creó.

CAPÍTULO OCHO

Tiene lo necesario

Muy frecuentemente pensamos, *Si tuviera más dinero, podría cumplir mis sueños. Si tuviera una casa más grande, sería feliz. Si tuviera más talento, una mejor personalidad y si conociera a la gente indicada, podría hacer algo grande.* Sin embargo, mientras sienta que le falta algo, que no tiene lo suficiente y que fue engañado, inventará excusas para no dar lo mejor de sí.

Tiene que obtener una nueva perspectiva. Dios le ha dado exactamente lo que necesita para el momento en el que se encuentra. Tiene el talento, los amigos, los contactos, los recursos y la experiencia que necesita para lo inmediato. Eso no significa que sea todo lo que tendrá. Quizá necesite más el próximo mes o el año siguiente. Cuando llegue ese tiempo, Dios se asegurará que usted tenga más entonces.

El Salmo 34 dice: "A los que confían en el Señor no les faltará ningún bien". Ya que su confianza está en el Señor, usted no tiene que preocuparse. Lo que sea que necesite, Dios se asegurará de que lo tenga cuando lo necesite. No le faltará ningún bien. Esto significa que, si no lo tiene en este momento, no discuta. No se desanime. Usted no lo necesita en este momento. Nuestra actitud debería ser, *Estoy equipado, facultado y ungido para este momento. No me falta nada, no he sido engañado, no soy inadecuado, no me estoy perdiendo de algo ni soy menos que. Tengo lo que necesito para hoy.*

Abordarlo de este modo es mucho mejor que pensar: *Si tan solo tuviera las finanzas... Si el préstamo hubiera sido aprobado... Si ella hubiera sido mi amiga... Si tuviera una mejor persona-lidad...* Si usted necesitara una mejor personalidad, Dios le habría dado una mejor personalidad. Dios no estaba de mal humor cuando lo creó. Si usted necesitara más talento, Dios le habría dado más talento. Si necesitara más amigos, tendría más amigos.

> *Tome lo que tiene y sáquele provecho.*

Tome lo que tiene y sáquele provecho. Eso es lo que necesita por ahora.

No le hace falta nada

Hace años, yo solía pensar: *Si tuviéramos un edificio más grande... Si tuviéramos más miembros... Si yo pudiera ministrar mejor... Si tuviera más experiencia....* Siempre había algo que no tenía o no podía hacer, siempre había una razón por la que no me sentía bien de mí mismo. Estos pensamientos le habrían puesto límite a mi forma de vida si no los hubiera cambiado.

Un día, me di cuenta de lo que le estoy diciendo: Tengo lo que necesito para esta época en la que estoy en este momento. Tengo la fuerza que necesito para hoy. Quizá no sea suficiente fuerza para mañana, pero está bien. Cuando el mañana llegue, Dios me dará la fuerza para ese día. Tengo el talento, las cualidades y la experiencia que necesito para este momento. Quizá no sea tanto como lo de alguien más, pero está bien. No estoy compitiendo con ellos. Estoy compitiendo conmigo para poder ser lo mejor que pueda ser.

Varios años atrás, alguien publicó un artículo que hablaba que yo no había asistido al seminario y que no estaba calificado para liderar un ministerio grande. Al principio, me molestó. Luego, leí Gálatas uno, donde el apóstol Pablo, quien escribió cerca de la mitad del Nuevo Testamento, dijo: "No fui nombrado apóstol por ningún grupo de personas ni por ninguna autoridad humana, sino...por Dios Padre, quien levantó a Jesús de los muertos".

Quizá usted no sea aprobado por la gente. No se preocupe por eso. Es aprobado por Dios. Su llamado no viene de las personas. La gente no determina su destino. La gente no puede detener el plan de Dios para su vida. Dios lo llamó. Dios lo equipó. Dios lo ungió. Cuando llegue al final de su vida, usted no tendrá que rendirle cuentas a la gente. Tendrá que rendirle cuentas a Dios todopoderoso. No permita que lo que una persona haga o diga, le obligue a sentirse inferior o no calificado. Usted ha sido cuidadosamente escogido por el Creador del universo. No carece de nada para esta época en la que está ahora. Deje de pensar acerca de todas las cosas que no tiene y todas las cosas que desearía que fueran diferentes.

"Pero, Joel, todo lo que tengo es este carro viejo. Estoy deprimido". Tenga una nueva actitud y diga: "Este carro viejo es todo lo que necesito por ahora. Dios está en el trono dirigiendo mis pasos. Cuando necesite más, Él me dará más".

"Todo lo que tengo es este único amigo". Cambie de posición. "Este único amigo es todo lo que necesito para esta época. No voy a quedarme en la autocompasión. Cuando necesite más amigos, Dios me dará más amigos".

"Todo lo que tengo es este trabajo de nivel básico". Dígase a sí mismo: "Esto es todo lo que necesito ahora. Cuando sea mi momento para ser promovido, nada podrá oponerse a mi Dios. Seré promovido. Sin embargo, mientras tanto, voy a seguir dando lo mejor aquí donde estoy".

Esta es una forma de vida que le da poder. Usted no está inventando excusas. No se siente defraudado. Está pensando mejor, de manera que vivirá mejor.

"Si tan solo tuviera más dinero…" Si necesitara más dinero para cumplir su destino en este momento y Dios no se lo diera, Él no sería un Dios justo. Lo cierto es que Dios ya ha alineado a las personas indicadas, las oportunidades adecuadas, las finanzas, la sabiduría, las buenas circunstancias y la protección que necesita. Está en su futuro. En tanto continúe honrando a Dios, Él le dará lo que necesita cuando lo necesite. Eso significa que, si no lo tiene en este momento, no lo necesita en este momento. Mi pregunta es: "¿Confiará en Él?". ¿Mantendrá una buena actitud y dará lo mejor de sí, aunque esté tardando más de lo que esperaba, aunque el problema no ha cambiado aún y aunque su sueño no se ha hecho realidad? Si usted es fiel donde está ahora, sabiendo que tiene exactamente lo que necesita para su situación actual, Dios le hará llegar a donde usted deba estar.

Mucho, mucho más

En el segundo libro de Samuel está la historia de cómo el rey David se fue por mal camino. El profeta Natán lo estaba corrigiendo. Al hacerlo, le recordó a David por lo que Dios lo había hecho pasar. David había experimentado la bondad, el favor, la protección, la provisión y la sanidad de Dios a través de los años. Por medio de Natán, Dios hizo una declaración interesante: "David, si eso no hubiera sido suficiente, te habría dado más, mucho más". En otras palabras, "David, al ver hacia atrás en tu vida, si alguna vez tuviste escasez, si alguna vez necesitaste más sabiduría, más favor, más protección o más finanzas, Dios te lo habría dado".

Eso me dice que lo que tengo ahora es lo que necesito para cumplir mi destino. Cuando eso sea insuficiente, será el momento para que Dios me dé más. Cuando algo empiece a impedirle alcanzar su destino, en el momento que empiece a detener el plan de Dios para su vida, en ese momento Dios llegará, será el momento en que Él intervenga. Así que, si no ha sucedido todavía, no se desanime pensando que nunca funcionará. Si no ha sucedido todavía, usted todavía no lo ha necesitado. Cuando lo necesite, no llegará tarde ni siquiera un segundo.

En el momento en que usted necesite un nuevo amigo, en el momento en que necesite una buena circunstancia, en el momento en que necesite una idea, llegará. Dios está observando su vida de cerca. Usted es su posesión más preciada. Lo que le dijo a David se lo dice a usted: "Si alguna vez no es suficiente, puedes contar conmigo. Siempre estaré allí para darte más".

En el año 1959, mi padre era pastor de una gran iglesia denominacional. Ellos

> *Lo que tiene ahora es lo que necesita para cumplir su destino.*

tenían cerca de mil miembros y acababan de construir un hermoso santuario nuevo. En ese entonces, eso era algo grande. El futuro de mi padre se veía muy brillante. Sin embargo, luego de una serie de situaciones, llegó el día en que él supo que debía dejar esa iglesia y empezar Lakewood. Desde un punto de vista práctico, eso no tenía sentido. Él no tenía un edificio o alguna organización que lo respaldara. Muchos de sus amigos pensaron que estaba cometiendo un error y no lo apoyaron. Él pudo haber hecho una lista de todo lo que no tenía. Si se hubiera mantenido enfocado en eso, nunca se habría apartado del punto muerto.

Sin embargo, mi padre dio un paso de fe y empezó Lakewood con noventa personas en una vieja y deteriorada tienda de alimentos para animales. En lugar de pensar: *Todo lo que tengo son estas noventa personas,* su actitud fue: *Esta antigua tienda de alimentos para animales es todo lo que necesito.* Cuando usted se da cuenta que el Creador del universo está dirigiendo sus pasos, dándole lo que necesita y en el momento en que eso no sea suficiente, Él promete llegar y darle más, usted no andará desanimado, pensando: *No es justo. ¿Por qué no me llegan buenas circunstancias? ¿Cuándo va a cambiar esto?* Usted solo continúe dando lo mejor de sí, honrando a Dios.

Eso hizo mi padre y ahora, más de cincuenta y siete años después, Lakewood todavía sigue creciendo. Quizá usted esté desanimado por lo que no ha sucedido en su vida. Se pregunta cuándo cambiará la situación, cuándo va a llegarle una buena circunstancia. Deje de estresarse por eso. Dios lo tiene en la palma de su mano. Él ha escrito cada uno de sus días en su libro. Dios sabe lo que necesita y cuándo lo necesita, y Él sabe cómo hacérselo llegar. Si usted no tiene algo en este momento, no es que lo haya perdido. Usted no fue engañado. Dios no se olvidó de usted. En tanto esté honrándolo, en el momento justo, cuando lo necesite, las personas indicadas llegarán. Cuando lo necesite, los fondos vendrán. Cuando los necesite, la sanidad, la restauración y la justificación lo encontrarán. Si no ha sucedido aún, no se quede sintiendo amargura. Tenga la actitud: *No lo necesito. Cuando lo necesite, Dios promete llegar en el momento exacto, ni un segundo tarde.*

NO MENOSPRECIE LOS PEQUEÑOS COMIENZOS

La Escritura cuenta la historia de la forma en que Jesús conoció a una mujer samaritana en el pozo y le pidió algo de beber. Ella estaba un poco sorprendida porque, en esos días, los judíos no tenían nada qué ver con los samaritanos, no digamos un hombre judío hablándole a una mujer samaritana. Ella dijo: "¿Cómo me pides a mí que te dé algo de beber?".

Jesús dijo: "Si supieras quién soy, tú me pedirías a Mí y yo te daría agua viva".

Inmediatamente, ella empezó a ver las

circunstancias desde la perspectiva humana. Ella dijo: "Pero, Señor, tú no tienes con qué sacar agua. No tienes una cubeta o un balde. ¿Cómo puedes darme tú agua viva?".

Me pregunto cuántas veces hacemos lo mismo. Dios nos dice que Él va a hacer algo grande en nuestra vida. En el fondo, Él pone en nuestro interior el sueño de que vamos a ir más alto. Veremos nuestro matrimonio restaurado. Volveremos a estar sanos. Lo sentimos fuertemente; sin embargo, al igual que la mujer samaritana, empezamos a enfocarnos en lo que no tenemos, en la forma en que fuimos criados, los obstáculos que hay en nuestro camino. En poco tiempo, nos convencemos a nosotros mismos que no será así. "No puedo hacer nada grande. No tengo el talento. Mi matrimonio ya no tiene arreglo. El informe médico es muy malo". Usted solamente se está viendo desde una perspectiva natural limitada, pero nosotros servimos a un Dios sobrenatural. Él puede tomar algo ordinario, soplar aliento de vida sobre ello y convertirlo en algo extraordinario. Quizá usted tenga un talento promedio, pero cuando Dios sople sobre su vida, usted irá más lejos que la gente que tenga gran talento. No se persuada de lo contrario.

Todo lo que tenía David era una honda y cinco

piedras lisas. Parecía insignificante, ordinario, definitivamente nada especial. Sin embargo, Dios sopló sobre él, y derrotó a Goliat y llegó a ser rey de Israel. Sansón estaba rodeado por un gran ejército. A donde él miraba había caballos, carros y armas. Todo lo que él tenía era la quijada de un burro. Ningún arma. Ninguna armadura. Nadie que lo cubriera. Pero él recogió esa quijada, Dios sopló sobre él y derrotó a todo un ejército de mil hombres. Todo lo que Moisés tenía era una vara ordinaria, algo que encontró en el suelo, aun así, cuando tomó esa vara y la alzó en el aire, el mar Rojo se partió de manera sobrenatural. Todo lo que mi

> *Todo lo que Moisés tenía era una vara ordinaria, pero medite en lo que hizo con ella.*

padre tenía eran noventa personas y una deteriorada tienda de alimentos para animales, aun así, Dios sopló sobre ellos e hizo algo extraordinario.

No subestime lo que tiene. Quizá parezca pequeño e insignificante. Comparado a lo que usted está enfrentando, quizá parezca completamente inútil. Todas las probabilidades están en su contra. Pero cuando Dios sopla sobre su vida, las probabilidades cambian de manera dramática. Usted y Dios son mayoría. Dios puede abrir puertas que nunca

debieron haberse abierto en lo natural. Dios puede
llevarlo más allá de donde su talento y educación
dicen que debería estar. Dios puede hacer un camino aun cuando nosotros no lo veamos. No es suficiente solo tener fe en Dios. Eso es importante,
pero tiene que tener fe en lo que Dios le ha dado.
Usted no es insuficiente. No fue engañado. No está
en desventaja. El Creador del universo está soplando
Su aliento de vida sobre usted. Lo está soplando
sobre su salud, sobre sus finanzas, sobre su matrimonio. Si usted confiara en lo que Dios le ha dado,
Él puede tomar lo que parece pequeño y convertirlo
en mucho.

Incluso, la Escritura dice: "No menosprecies el
día de los pequeños comienzos". En otras palabras,
no mire lo que tiene y diga: "No puedo hacer nada
grande. No tengo mucho talento". "¿Una tienda de
alimentos para animales? Dios, necesito un edificio".
"Un trabajo de nivel básico? Dios, yo quería estar en
la administración". Lo que Dios le ha dado ahora podría parecer pequeño, pero no permita que eso lo en-
gañe. Cuando use lo que tiene, Dios lo multiplicará.

> *No subestime lo que tiene.*

Usted verá una explo-
sión de su bondad.

Use lo que ha recibido

En una ocasión, Jesús había estado enseñando a miles de personas. Empezaba a caer la tarde y todos tenían hambre. Jesús se dirigió a sus discípulos y dijo: "Quiero que le den de comer a toda esta gente". Ellos no tenían comida allí en el desierto. No había tiendas de abarrotes. A simple vista, parecía como si lo que Jesús pedía era imposible. Pero esta es la clave: Dios nunca le pedirá que haga algo sin darle la capacidad para hacerlo. "No puedo criar a este niño. Él es muy difícil". Dios no le habría dado al niño si usted no fuera capaz de criarlo". Cuando Dios le dio ese trabajo, Él le dio la capacidad para estar allí con una buena actitud. "Yo no puedo alcanzar mis sueños. No tengo los contactos adecuados". El momento en que Dios puso el sueño en su corazón, Él alineó todo lo que usted necesita para que se haga realidad.

Los discípulos le dijeron a Jesús: "No podemos darle de comer a toda esta gente. Es imposible. No tenemos comida. Mándalos que se vayan para que puedan ir a las aldeas y compren comida para ellos".

Jesús escuchó todas sus excusas, y finalmente les dijo: "Ya me dijeron todo lo que no tienen. Todo lo que yo quiero saber es qué sí tienen".

Ellos dijeron: "Solo tenemos cinco panes y dos pescados". Pero, ¿qué es eso entre tantos?". Ellos lo habían considerado y descartado. No era suficiente.

"Joel, yo creo que podría hacer algo grande si tuviera más a mi favor, si tuviera más talento, más amigos y más dinero". Deshágase de esa mentalidad de "no tengo suficiente". Dios controla todo el universo. Ese es el mejor pensamiento que necesita. Él le dice hoy lo que Jesús les dijo a los discípulos: "Denme lo que tienen. No pongan pretextos. No se queden al margen de la vida sintiéndose intimidados y engañados. Pongan su vida, sus metas y sus sueños en mis manos".

Jesús tomó los cinco panes y los dos pescados, oró sobre ellos y se multiplicaron de forma sobrenatural. Esa pequeña comida acabó alimentando a quince mil personas probablemente, además, hubo canastas llenas de sobras para llevar a casa. Eso sucede cuando le da a Dios lo que tiene. Él lo multiplicará. ¿Está persuadiéndose para no hacer lo que Dios puso en su corazón?

Leí la historia de una joven llamada Mary Bethune. Nació en Carolina del Sur en el año 1975, era la número quince de diecisiete hermanos. Sus padres habían sido esclavos. A pesar de que las probabilidades estaban en su contra, ella pudo recibir

una buena educación y hasta fue a la universidad.
Desde que era una pequeña niña, su sueño siempre
era enseñarle a la gente. Fue una estudiante sobresaliente. No había otra mujer más refinada. Se graduó
de la universidad y envió una solicitud para convertirse en misionera en África. Varios meses después, recibió la notificación que la habían rechazado.
Por alguna razón, ella no fue aceptada. Sin embargo,
en vez de quedarse pensando de lo mal que la vida
la estaba tratando, ella tenía la actitud de: *No obtuve esa posición. Quizá no las necesitaba. Si eso
iba a impedirme alcanzar mi destino, Dios nunca lo
habría permitido.*

Con el tiempo, Mary Bethune decidió empezar
su propia escuela. No tenía dinero, un edificio, los
suministros o el equipo. Encontró unas viejas cajas
de cartón y las usó como escritorios. Recogía bayas
rojas cada día y les sacaba el jugo, así sus estu-
diantes podían usar eso como tinta en sus plumas.
Unos años después, una universidad local notó lo
que sucedía y le pidió que uniera fuerzas con ellos
en lo que llegó a ser conocido como la Universidad
Bethune-Cookman. En 1936, el presidente Franklin
Roosevelt la designó como directora de la *Division
of Negro Affairs* y como asesora de su gabinete para
empleo, educación y asuntos de derechos civiles

para los afroamericanos, lo cual la convirtió en la primera mujer afroamericana de la historia que llegó a ser una consejera presidencial.

¿Qué es lo que digo? Lo que usted tiene podría parecer pequeño, pero no lo descarte. Si usted usa lo que Dios le ha dado, Él lo multiplicará. Él no solo hará sus sueños realidad, sino que hará más de lo que usted puede pedir o imaginar.

EL SONIDO DE LOS PASOS

La Escritura nos cuenta de cuatro leprosos que, desesperados por el hambre, se dirigían hacia el campo enemigo. Esos cuatro hombres no tenían nada: no tenían suministros, comida, protección ni siquiera salud. En lo natural, ellos no tenían oportunidad de sobrevivir. Ellos podrían haberse quedado deprimidos, enfocados en lo que no tenían. En lugar de eso, estaban usando lo que sí tenían. Cuando se acercaban al campo enemigo, Dios multiplicó el sonido de sus pasos. Sonaba como que un gran ejército estaba atacando. Sus enemigos huyeron por sus vidas y dejando todos sus suministros, salvando no solo la vida de los leprosos sino, además, al pueblo de Samaria.

"Bueno, Joel, no tengo mucho talento". Quizá no. Pero, ¿tiene pasos? "No tengo mucho dinero". Quizá no. Pero, ¿tiene bayas rojas? "No tengo un edificio para mi nuevo negocio?". Quizá no. Pero, ¿tiene una vieja y deteriorada tienda de alimentos para animales? Si usa lo que Dios le ha dado, Él lo multiplicará. Él multiplicará su talento, multiplicará sus recursos y multiplicará su influencia. Dios no suma. Él multiplica. Lo que usted tiene hoy podría parecer pequeño, pero si continúa honrando a Dios, eso no se quedará pequeño. Usted entrará a un crecimiento sobrenatural, buenas circunstancias, conexiones divinas y oportunidades que usted nunca antes había visto. Usted tiene, exactamente, lo que necesita para cumplir su destino. Ahora bien, esta es la clave: quizá no tenga tanto como un familiar, un compañero de trabajo o un amigo. Pero esto está bien. Si Dios le dio a usted lo que ellos tienen, eso no le ayudaría. Sería un obstáculo para usted. Usted no está ungido para ser ellos. Está ungido para ser usted.

Cuando David fue a enfrentar a Goliat, el rey Saúl trató de hacer que David usara su armadura. David no tenía protección alguna y su única arma era su honda. Saúl tenía buenas intenciones. Él dijo: "David, por lo menos usa mi armadura. Vas a ir allí y te van a matar". Sin embargo, David era mucho más bajo que el rey Saúl y cuando se puso la armadura, le quedó muy grande. No le ayudó. Pesaba mucho. Eso es porque lo que Dios les ha dado a otras personas no funcionará para usted. No trate de parecerse a alguien más. "Desearía tener su talento, su apariencia, su personalidad". Si usted se pone esa armadura, estará incómodo, así como lo estuvo David. Eso disminuirá su ímpetu. ¿Por qué? Porque no fue diseñada para usted. Usted es único. No hay otro igual. Dios hizo su armadura a la medida. Usted porta una armadura especialmente diseñada. Nadie tiene lo que usted tiene. Cuando salga hoy, ¡necesitará caminar con cierto estilo!

> *Usted porta una armadura especialmente diseñada.*

David se quitó la armadura y dijo: "No, gracias. Esto no es para mí. No puedo ser quien Dios me creó usando la armadura de alguien más. Tengo lo que necesito". Quizá no sea tanto como lo que tiene alguien más, usted podría tener menos talento, menos recursos y pocos amigos, pero si usted camina en su propia unción, si usa lo que Dios le ha dado, llegará más lejos que la gente que tiene más talento y más recursos porque Dios está soplando aliento de vida sobre usted. Eso es lo que le sucedió a David. Él derrotó a Goliat con menos equipo. Goliat estaba usando una armadura completa y tenía una lanza enorme. Todo lo que David tenía era una honda. La diferencia era que la honra era parte del destino divino de Dios. Si él la hubiera visto y pensado: *No es nada. Es pequeña. Es insignificante. No puedo hacer esto,* él se habría perdido su destino.

No se pierda lo que Dios le ha dado. Quizá no parezca tan impresionante como lo que tiene alguien más. Quizá usted no tenga el talento, el porte, la personalidad, el ingreso o la influencia que ellos tienen. Sin embargo, considere que lo que Dios le ha dado, ha sido diseñado específicamente solo para usted. Él, específicamente, le dio sus dones, sus talentos, su apariencia y su personalidad. No fue algo que sucedió al azar. Dios no cerró los ojos y dijo: "Ten, solo toma esto. Eso servirá". No, Dios lo acopló a su mundo. Puso en usted, exactamente, lo que necesita para cumplir el plan que Él tiene para su vida.

Tenga confianza en quien es

Hace algunos años, estaba predicando ante varios cientos de pastores. Después, tuvimos un tiempo para preguntas. Un pastor que se puso de pie era un hombre muy corpulento, medía casi dos metros de alto y pesaba unas trescientas libras. Yo mido un metro ochenta de alto. La televisión lo hace a uno parecer más alto de lo que es en verdad. Ellos estaban sorprendidos por mi baja estatura. Él dijo, de manera muy dramática: "Joel, ¿yo solo quiero saber cuánto pesa usted?". Sonreí y dije: "¡ciento cincuenta libras de acero puro!".

Usted debe tener confianza en el propósito para el cual lo creó Dios. Usted no es muy bajo, ni muy alto. Tiene el tamaño adecuado. Tiene la personalidad indicada. La nacionalidad correcta. Usted ha sido exclusivamente diseñado por el Creador del universo. Enderece su espalda y levante la cabeza. Usted no es insuficiente. No ha sido engañado. No está en desventaja. Tiene, exactamente, lo que necesita para el lugar donde está.

Levántese cada mañana y recuérdese a sí mismo: "Tengo la fuerza, el talento, los amigos, los recursos y las cualidades que necesito para hoy". Si hace eso, debido a que su confianza está en el Señor, creo y declaro que nunca le hará falta ninguna cosa buena. Dios tomará lo pequeño y lo convertirá en mucho. Él multiplicará lo que usted tiene y lo llevará a donde nunca soñó.

CAPÍTULO NUEVE

Retenga su corona

Cuando Dios sopló su aliento de vida en usted, Él puso una corona en su cabeza. El salmista la llamó "una corona de gloria y honor". Esta corona representa su autoridad. Representa la bendición y el favor de Dios en su vida. Es un recordatorio que usted no es una persona común, que no es mediocre: Usted es de la realeza. Cuando porte su corona, tendrá una sensación de derecho, pensando: *Tengo el derecho de ser bendecido. Tengo el derecho de vivir en victoria. Tengo el derecho de vencer estos retos, no porque yo sea espectacular, muy fuerte o muy talentoso, sino porque porto una corona de honor que mi Creador me ha otorgado.*

Su percepción de sí mismo determinará el tipo de vida que lleve. Si piensa de sí mismo como promedio, si siente que es inferior por lo que alguien dijo de usted, si vive con culpa y condenación por los errores del pasado, eso va a limitar su potencial.

¿Qué sucede? Usted no lleva puesta su corona.

> *Su percepción de sí mismo determinará el tipo de vida que lleve.*

Jesús dijo en el libro de Apocalipsis, "Retén firme lo que tienes, para que nadie tome tu corona". A lo largo de la vida, siempre habrá alguien o algo tratando de tomar su corona. Las personas hablarán de usted, tratando de hacerle lucir mal, de presionarlo. Lo que ellos realmente están haciendo es tratar de quitarle su corona. Hágase un favor. No permita que se la quiten. Eleanor Roosevelt dijo: "Nadie puede hacerle sentir inferior sin su permiso". Nadie puede tomar su corona. Usted tiene que soltar lo que le dijeron o hicieron en vez de perder su corona. Alguien podría decirle: "No eres tan talentoso. Nunca triunfarás. No puedes empezar tu propio negocio". Muchas veces pensamos: *Sí, tienes razón. Realmente no tengo lo que se necesita. Miren cuánto tiempo ha pasado. No soy tan inteligente como mi primo.* ¿Qué sucede? Usted está soltando su corona.

Cuando esos pensamientos le digan que no es lo suficientemente atractivo, solo tenga un mejor pensamiento y diga: "No, gracias. No van a tomar mi corona. Sé que soy asombrosa y maravillosamente creado. Sé que soy único". *Nunca saldrás de deudas. Nunca mandarás a tus hijos a la universidad.* "No, gracias. Yo daré en préstamo, no pediré prestado. Todo lo que toque prosperará y tendrá éxito". No solo está siendo positivo, está reteniendo su corona. Los pensamientos dicen: *Mira donde estás en la vida. Deberías avergonzarte de ti mismo. Mira los errores que has cometido. ¿Cuántas veces has fracasado?* "No, no tendrás mi corona. Es posible que haya caído, pero mírenme ahora. No me quedé en el suelo. Me levanté de nuevo. Cometí errores, pero eso no me cambió el nombre. Aún soy hijo del Dios altísimo". Si va a retener su corona, tiene que plantarse y decir: "No voy a permitir que lo que alguien dijo, o el hecho de que alguien me dejó, o que algo no haya funcionado robe mi sentido de valor. Sé que he sido coronado con honor".

LA CORONA DE HONRA ES SUYA

Cuando alguien trata de hacerle sentir inferior, hace comentarios despectivos. En lugar de molestarse y creer lo que dicen los demás, solo levante las manos y ajuste su corona. Ellos no pueden cambiar lo que es usted a menos que se los permita. No controlan su destino. No determinan su valor. No soplan vida en usted; Dios sí. Él lo llama una obra maestra. Él dice que usted es un rey, una reina. Se espera que usted reine en la vida. Por eso Él puso la corona de honra en su cabeza. Es para recordarle la persona que es usted.

El error que cometemos con mucha frecuencia es creer esas mentiras. Alguien dice: "No tienes tanto talento". En lugar de decir: "No, gracias", decimos: "Oh, tienes razón. Permíteme quitarme la corona. Pensé que tenía talento". El mensaje viene a nosotros: "Tú no eres de la realeza. No provienes de la familia correcta. Nunca harás algo grande". En lugar de ignorarlo, de no dedicarle tiempo, pensamos: *¿Qué estaba pensando? Dejen que me quite la corona.*

La herramienta principal del enemigo es el engaño. No hay nada que le guste más que usted vaya por la vida sin portar su corona, permitiendo que la gente y las circunstancias lo convenzan de: "No mereces ser bendecido. No tienes lo necesario. Has pasado por muchas cosas. No puedes sentirte bien de ti mismo". ¡No se atreva a entregar su corona! Le pertenece a usted. Su Creador la puso allí. No tiene nada que ver con la forma en que se siente, cómo se ve o lo que la demás gente diga. El único fundamento es que usted es hijo del Dios altísimo. Él le ha coronado con gloria y honra.

Conozco a un joven a quien le encantaba jugar béisbol. Era su pasión desde niño,

> *La herramienta principal del enemigo es el engaño.*

pero cuanto trató de ingresar al equipo de la escuela, el entrenador no le dio oportunidad alguna. Él dijo: "Lo siento, hijo. No puedes intentarlo. Eres demasiado bajo de estatura. Nunca podrás entrar en este equipo". El entrenador no estaba tratando de ser grosero. Él solamente lo estaba viendo en lo natural. Sin embargo, solo porque alguien no cree en usted no significa que eso tenga que detener su sueño.

La razón por la que la gente no siempre lo anima y lo insta a seguir es porque ellos no pueden sentir lo que usted siente. Dios no puso el sueño en ellos; lo puso en usted. No permita que el desánimo robe su entusiasmo. Mantenga puesta su corona. Siga creyendo. Siga teniendo esperanza. Siga buscando. Usted no necesita que todos estén a su favor. Usted y Dios son mayoría. Cuando usted porte su corona, Dios abrirá puertas que ningún hombre puede cerrar. Él le ayudará a cumplir lo que usted no pudo cumplir por sus propios medios. Él no habría puesto el sueño en usted si Él, en realidad, no tuviera una manera que convertirlo en realidad.

Ese día, este joven regresó a su casa muy desanimado; su anhelo era jugar béisbol. Pero en lugar de quedarse sentado por ahí sintiéndose derrotado, pensando que no era lo suficientemente bueno, él retuvo su corona. Su actitud era: *El entrenador puede decir que soy muy bajo de estatura, pero yo sé que no soy un error. Tengo la estatura adecuada. Tengo lo que necesito para cumplir con mi destino.* Un par de semanas después, la escuela anunció que debido a que muchos niños se presentaron a la prueba, estaban formando un segundo equipo. Él volvió a intentarlo y fue aprobado. Estaba muy emocionado porque iba a jugar, aunque él sabía que estaba en el equipo de los "menos talentosos". Esos dos equipos de la misma escuela jugaron en la misma división junto con otros diez equipos. Los dos equipos terminaron disputándose el campeonato. Este joven era el pícher en el equipo "menos talentoso". Aunque se le había dicho que era muy bajo de estatura, él dejó fuera a un bateador tras otro. Terminaron venciendo al equipo "más talentoso" y ganaron el campeonato de la división.

¿Qué estoy diciendo? La gente no determina su destino. Ellos no saben lo que hay en usted. No se quite la corona porque alguien le juzgó por lo que vio externamente. Alguien le dijo que no tiene suficiente talento, que no es lo suficientemente atractiva, que no es lo suficientemente alto, que no es lo suficientemente listo. Usted no tiene que tenerlos a ellos animándole. Mantenga su corona puesta, siga dando lo mejor de sí, continúe honrando a Dios y Él le llevará a donde usted debe estar.

BUSCADORES DE APROBACIÓN

Jesús les dijo a sus críticos: "Su aprobación o desaprobación no significa nada para mí". Esa es una manera poderosa de vivir. Lo que él decía era: "Yo sé quién soy, y nada de lo que hagan o dejen de hacer lo cambiará. Ustedes pueden celebrarme o crucificarme, pero yo retengo mi corona". La gente es impulsiva. En un momento le vitorean y en otro momento pueden estarlo despreciando, tratando de hacerlo ver mal. En un momento Jesús estaba entrando a Jerusalén en burro y la gente ondeaba hojas de palma, celebrando su llegada como si Él fuera un rey. Unos días después, esas mismas personas gritaban: "¡Crucifíquenlo! ¡No merece vivir!".

Si usted determina que portar su corona depende de si le agrada

> *Usted no necesita la aprobación de los demás.*

a la gente o no, si ellos creen en usted o no, va a estar quitándose y poniéndose la corona por el resto de su vida. Usted no necesita la aprobación de los demás; usted tiene la aprobación de Dios todopoderoso. Nuestra actitud debería ser: *Pueden estar de mi lado o en mi contra, pueden celebrarme o criticarme, pero una cosa es segura: No les voy a dar mi corona. Yo sé quién soy. Pertenezco a la realeza. Soy aceptado. Soy aprobado. Soy valioso.*

En la Escritura, Isaac le dijo a su hijo, Esaú: "Tu hermano se ha llevado tu bendición". A veces, nosotros dejamos que otras personas se lleven nuestra bendición. Permitimos que lo que se dice de nosotros, su desaprobación y palabras desalentadoras, nos impida ser lo que debemos ser. Usted tiene que ponerse firme y decir: "No voy a permitir que la gente me persuada de no seguir mis sueños. No voy a permitir que un compañero de trabajo me haga sentir inferior, como si no fuera lo suficientemente bueno. No voy a permitir que un entrenador, un maestro o un consejero me convenzan de vivir una vida promedio, mediocre, donde apenas me las arregle". Usted tiene semillas de grandeza. Está destinado para dejar huella en esta generación. No le permita a nadie quitarle su bendición.

El origen de los
pensamientos negativos

Cuando miramos hacia atrás, podemos ver que el enemigo ha estado tratando de quitarnos nuestra corona desde el principio de los tiempos. En el Huerto del Edén, Adán y Eva vivían confiados y seguros. Ellos estaban en paz con Dios, en paz consigo mismos. Portaban sus coronas. Sabían que tenían la bendición y el favor de Dios. Pero un día, el enemigo los engañó para que comieran el fruto prohibido. Cuando lo hicieron, inmediatamente tuvieron temor. Corrieron a esconderse. En efecto, le dieron sus coronas al enemigo.

Eso sucede cuando entregamos nuestra corona de honor. Abre la puerta al temor, la inseguridad y la vergüenza. Nos enfocamos en lo que no somos o en los errores que hemos cometido, en lo que la demás gente ha dicho de nosotros. No hay recuerdo de quiénes somos. Creemos esas mentiras que nos pueden humillar.

Cuando Dios llegó buscando a Adán y a Eva, Él no podía encontrarlos. Llamó a Adán: "¿Dónde estás?". Adán dijo: "Estamos escondidos porque estamos desnudos". Dios preguntó: "¿Quién les dijo que estaban desnudos?". Dios sabía que Adán se había quitado su corona. Dios nos pregunta hoy, "¿Quién les dijo que eran comunes? ¿Que no podían alcanzar sus sueños? ¿Que son muy pequeños? ¿Que no provienen de la familia adecuada? ¿Que no son lo suficientemente buenos?". Les aseguro que esos pensamientos negativos no vinieron de nuestro Dios. Usted necesita volver a ponerse su corona. Quizá le permitió a alguna persona o evento quitársela. La buena noticia es que la puede recuperar. No es demasiado tarde; usted tiene control sobre su corona.

Empieza en su pensamiento. No más "solo soy un estudiante de notas bajas. Solo soy promedio". Diga: "Soy un estudiante sobresaliente. Tengo mucha sabiduría. Voy a sobresalir en la escuela". Cuando piensa mejor, vive mejor. No más "he pasado por muchas cosas. Perdí a un ser amado. Nunca volveré a ser feliz". Diga: "Dios me da belleza a cambio de estas cenizas. Lo que Él empezó en mi vida, Él lo terminará". No se quede sentado sintiendo lástima por sí mismo. Vuelva a ponerse su corona. No más "no vengo de la familia adecuada. No tengo nada de especial". Diga "he sido hecho a la imagen del Dios todopoderoso. Soy una obra de arte, soy único. Soy una posesión preciada".

"Bueno, Joel, yo nunca podría hacer algo grande en mi vida. Todas las probabilidades están en mi

contra". No, póngase su corona y diga: "Tengo el favor
de Dios. Estoy equipado, facultado y ungido". Si va a
alcanzar su más alto potencial, tiene que mantener
puesta su corona. Eso no sucede automáticamente.
Por eso dice la Escritura que se aferre a lo que tiene
para que nadie se lo quite. ¿Le ha permitido a algo o
a alguien tomar su corona? ¿La decepción, las malas
circunstancias o un divorcio han hecho que pierda su
pasión por la vida? Su corona le está esperando. ¿Ha
permitido que un error, un fracaso o la bancarrota le
convenzan de conformarse por algo menos que lo
mejor? Necesita recuperar su corona. No estaría vivo
si Dios no tuviera otra victoria frente a usted. Empiece a soñar de nuevo.
Empiece a creer de
nuevo. Empiece a tener
esperanza de nuevo.

> *Aférrese a lo que tiene
> para que nadie se lo quite.*

La corona le da favor

Recientemente, hablé con una joven en el vestíbulo
de la iglesia. Ella estaba muy desanimada porque su
matrimonio no funcionó. Su esposo la dejó por otra.
Ella era una mujer hermosa, pero ahora estaba con-
vencida de que no era lo suficientemente atractiva,
talentosa o inteligente. Ella había entregado su corona. Me dijo todas las cosas que debió haber hecho

mejor. "Si tan solo hubiera hecho esto, si tan solo hubiera hecho aquello". En su mente, lo sucedido era su culpa. Sin embargo, cuando alguien más se va de su vida, no necesariamente significa que hay algo malo con usted. Podría ser que la otra persona fuera el problema. ¿Alguna vez ha pensado que quizá ellos tengan algunos problemas? Si ellos la dejan, también dejaran a la siguiente persona. Sin embargo, el acusador trabajará tiempo extra tratando de convencerla de que usted no dio la talla, que no es valiosa y que no hay nada bueno en su futuro. Él trata de quitarle su corona.

La Escritura dice que Dios nunca nos dejará ni nos abandonará. Si ellos la dejaron y los necesitaba, eso significaría que Dios la estaba abandonando a usted. De manera que puede concluir que, si ellos la dejaron, usted no los necesitaba. Si se fueron, no eran parte de su destino. Isaías dijo que Dios le dará el doble por las injusticias que han sucedido. Quizá no se dé cuenta, pero cuando ellos se fueron, en cierto modo, le hicieron un favor. Ellos la prepararon para lo que Dios verdaderamente quiere hacer. ¡Él tiene a alguien sorprendente en su futuro! Una conexión divina. Alguien mejor de lo que pudo imaginar. Alguien que la tratará como la reina que debió ser. Pero usted tiene que hacer su parte y volver a ponerse la corona. No va a suceder si anda negativa, desanimada y sintiéndose fea. Si en su interior no se siente atractiva, no será atractiva por fuera. Usted se comporta de la manera en que piensa de sí misma.

He visto damas que no tienen mucha belleza natural, pero en su interior son hermosas. Cuando usted porta su corona, tiene confianza y seguridad. Sabe que es una obra maestra, única, una posesión preciada. No está enfocándose en todo el palabrerío negativo: lo que no es, lo que no tiene o lo que los demás dicen. Usted pasa el día con una sonrisa en el rostro, con energía. Sabe que pertenece a la realeza, que ha sido coronada con gloria y honor. Cuando piense así, vivirá así, y va tener conexiones divinas. No tendrá que ir a buscarlas. Dios hará que las personas adecuadas la busquen.

Quizá ha atravesado una decepción, una pérdida, algo no funcionó. Sería fácil sentirse poco atractiva, sin valor, sin emoción por su vida. Vuelva a ponerse la corona. La corona es lo que le da el favor. La corona es lo que hace que sobresalga. Nada de lo sucedido ha disminuido su valor. Aún es una posesión preciada, la niña de los ojos de

> *No permita que una decepción o una pérdida se lleve su bendición.*

Dios. No permita que una decepción o una pérdida se lleve su bendición. No es el final. Es un nuevo comienzo.

LA RETRIBUCIÓN SE ACERCA

Esto es lo que una dama en la Escritura, llamada Noemí, tuvo que hacer. Primero, perdió a su esposo; luego, sus dos hijos casados murieron también. Noemí estaba tan desanimada, no pensó que podía continuar. Se quitó su corona. Había sido una mujer feliz, llena de gozo y dulzura, una persona agradable. Ahora estaba amargada. Pensó: *Estoy acabada. Nunca volveré a ser feliz.* Hasta se cambió el nombre de Noemí, que significa "mi gozo", a Mara, que significa "amarga". Cuando la gente la llamaba Noemí, ella estaba tan angustiada que decía: "Por favor, no me llamen así. Estoy muy deprimida. Llámenme Mara". Lo que estaba diciendo era, "díganme amarga". El problema es que cuando usted se quita su corona, se quita el favor, el honor y la gloria. Eso es lo que necesita para que Dios le reintegre. En esos momentos difíciles, más que nunca, necesita estar recordándose: "Soy hija del Dios altísimo. Soy extremadamente valiosa. Dios me dará belleza por cenizas; el doble viene hacia mí".

Noemí pensó que su vida estaba acabada.

Regresó a su pueblo natal, planeando desaparecer gradualmente. Sin embargo, cuando vio algunos viejos amigos y trató de persuadirlos para que la llamaran Mara, ellos dijeron: "Noemí, ¿de qué hablas? Esa no eres tú. No eres amarga. Te llamamos "Mi gozo". Ellos continuaron llamándola Noemí. Cada vez que lo hacían, profetizaban su futuro. Ella trataba de permanecer en la derrota, pero ellos decían: "No. Vas hacia la victoria". Ella seguía tratando de quitarse la corona y ellos continuaban volviendo a ponérsela.

¿Qué estoy diciendo? Usted necesita personas a su alrededor que le recuerden quién es. No necesita gente que se amargue con usted y esté de acuerdo con la derrota y la mediocridad. Permanezca cerca de las personas que le llamarán bendecida, victoriosa, realeza. Usted quiere personas en su vida que le recuerden que sus mejores días aún están por llegar, que lo que tuvo la intención de lastimarla, Dios lo usará para su beneficio; personas que le ayudarán a mantener su corona puesta. Por eso, cada semana, les digo a mis oyentes: Ustedes son bendecidos, prósperos, redimidos, perdonados, talentosos, seguros de sí mismos, fuertes, valiosos: una obra maestra". ¿Qué estoy haciendo? Asegurándome de que ellos porten sus coronas. La vida trata de quitárselas; mi objetivo es ayudar a las personas a mantenerlas puestas.

Cuando Noemí regresó a su tierra natal, su nuera viuda, Rut, fue con ella. Rut conoció a un hombre llamado Booz y se casaron. Un día, tuvieron un bebé. Para entonces, Noemí tenía muchos años y no parecía tener una razón para vivir. Pero cuando vio ese bebé, algo volvió a vivir en su interior. La Escritura dice: "Las mujeres del pueblo se alegraron, diciendo: 'Noemí, Dios te ha dado un hijo. Este bebé restaurará tu juventud'". Ella tuvo un nuevo sentido de propósito. Cuidó a ese pequeño bebé como si fuera suyo. Noemí pensó que nunca volvería a ser feliz, pero ahora estaba más satisfecha que nunca. Ese era Dios restituyéndole por las injusticias que le habían sucedido; ella tenía puesta su corona otra vez.

¿Está portando su corona hoy? ¿O ha permitido que una decepción, una pérdida o una mala circunstancia le convenza de quitársela? Nada de lo que le ha sucedido ha detenido el plan de Dios. Él sabe cómo dar belleza a cambio de cenizas, como convertir el lamento en baile. Tal como hizo Noemí, usted pudo haberse quitado su corona, pensando que sus mejores días ya habían pasado, pero necesita prepararse. La segunda parte de su vida va a ser mejor que la primera parte. Dios todavía tiene un propósito para que usted lo cumpla. Él todavía tiene algo maravilloso en su futuro. Vuelva a ponerse su corona.

REDESCUBRA SU VERDADERO YO

Escuché una versión de la historia mitológica sobre Elena de Troya. Ella era una reina extremadamente hermosa, una joven mujer nacida en la realeza, amada y admirada por todo el pueblo. Pero un día fue secuestrada y llevada a un país extranjero. Con toda la confusión, le dio amnesia. No podía recordar su nombre o de dónde era. Terminó viviendo en las calles, sin hogar, y se aprovechaban de ella. Aunque tenía sangre real y era una reina respetada y admirada en su país natal, nadie sabía dónde estaba y ella no sabía quién era. Allá en su tierra, sus amigos y familiares nunca se dieron por vencidos. Aunque pasaron años y años, creían que ella todavía estaba viva. Entonces, un hombre que la amaba mucho, que la había cuidado cuando ella era niña, se propuso tratar de encontrarla.

Mientras buscaba por las calles de un país lejano, vio a una mujer de apariencia miserable sentada cerca del agua. Sus ropas eran harapos, su cabello estaba sucio y enredado, y su rostro golpeado y lastimado. Él estuvo a punto de pasarla por alto, pero algo en ella le parecía extrañamente conocido. El hombre le preguntó cuál era su nombre. Ella balbuceó algo y no quería hablar. La vio más de cerca y estaba más intrigado aún. Le preguntó si podía ver sus manos. Él recordaba las líneas en las manos de Elena. Cuando la mujer le mostró sus manos, él estaba estupefacto. No lo podía creer. Él susurró: "Elena". Ella lo miró confundida. Él dijo: "Tú eres Elena de Troya. Eres la reina. Elena, ¿no lo recuerdas?". De repente, fue como si una luz se hubiera encendido, y su rostro brilló. La confusión desapareció. Ella redescubrió su verdadero yo y abrazó a su amigo. Juntos, regresaron a su tierra natal y, una vez más, ella fue la reina que debía ser.

Parecido a Elena, muchísima gente, hoy día, sufre de amnesia espiritual. Ellos nacieron en la realeza, creados para reinar en la vida. Dios los coronó con honor y gloria; sin embargo, de alguna manera, olvidaron quienes eran. A causa de las malas circunstancias, las decepciones y los errores que cometieron, se sienten golpeados por la vida y viven muy por debajo de sus privilegios, pensando que son comunes. Tal como este hombre lo hizo por Elena, estoy aquí para recordarle a quién le pertenece usted. Es hijo del Dios Altísimo. Tiene sangre de realeza fluyendo por sus venas. Hay una corona de honra que le pertenece. Su mente podría estar nublada, pero yo creo que, en su espíritu, algo está volviendo a la vida. Las fortalezas que lo han detenido están siendo rotas. Las cadenas de pensamiento derrotista y una mentalidad negativa se están aflojando. Usted va a redescubrir su verdadero yo. Usted no es promedio ni mediocre; usted pertenece a la realeza, es un rey, una reina. Ahora, haga su parte y vuelva a ponerse la corona.

Leí acerca de un niño de ocho años que nació unos años antes de la Revolución Francesa. Su padre era el rey Luis XVI. Durante toda la violenta sublevación, primero, su familia fue encarcelada y, luego, su madre y su padre fueron condenados a muerte. En enero de 1793, su padre fue llevado a la plaza pública y decapitado, y su madre sufrió la misma suerte en octubre del mismo año. El joven príncipe continuaba siendo una amenaza para los líderes de la revolución quienes decidieron "retener" a Luis XVII para hacerlo obediente a la revolución y para acusar a su madre de haber cometido delitos. Circularon historias que el real heredero al trono fue sujeto a extrema crueldad y que se hicieron intentos para enseñarle a decir cosas profanas, a mentir, a engañar y a hacer el mal. Mientras nadie sabe exactamente qué pasó, en mi imaginación puedo verlo ponerse firme cuando ellos trataban de obligarlo a decir obscenidades y lo escucho decir: "No, no lo voy a hacer. Nací para ser rey. No hablaré de esa manera". Cuando trataban de hacer que mintiera, engañara, cediera, lo mismo: "Soy un rey. No lo haré".

Cuando el enemigo trate de reprogramar su pensamiento diciéndole que usted es común, ordinario, solamente diga: "No, gracias. Soy un rey. No pensaré de esa manera". Cuando los pensamientos traten de convencerlo de vivir una vida mediocre, derrotada, diga: "No, gracias. Yo sé que soy realeza. No viviré por debajo de mis privilegios. Sé que soy hijo del Dios altísimo".

Le pido que mantenga su corona puesta. Quizá haya atravesado decepciones y pérdidas. La vida tratará de quitársela. Tiene que aferrarse a lo que Dios le ha dado. No permita que nadie ni nada se lleve su bendición. Si toma esta decisión conmigo de que va a mantener su corona puesta, creo y declaro que reinará en la vida, subirá más alto, alcanzará sus sueños y alcanzará la plenitud de su destino.

CAPÍTULO DIEZ

Solo recuerde

Cuando mire su vida en retrospectiva, medite en alguna de las cosas que ha enfrentado que en ese momento no pensaba que podía superar. El obstáculo era tan grande, el rompimiento le lastimó tanto, el informe médico era tan negativo. Usted no veía una salida, pero Dios lo cambió todo. Él le dio fuerza cuando no creía poder continuar. Él trajo a la persona indicada cuando pensaba que siempre estaría solo. Él le dio un ascenso, le dio esa buena circunstancia y todo se arregló. Ahora, usted está mucho mejor de lo que nunca imaginó.

Ese no fue un golpe de suerte. No fue una coincidencia. Era la mano de Dios. Usted debió estancarse, ser adicto, pobre, estar deprimido y solo, pero Dios hizo un camino donde parecía no haberlo.

Usted puede decir lo que yo digo: "No llegué a donde estoy por mí mismo. No fue simplemente mi buena suerte, mi trabajo duro o mi talento. Fue el favor de Dios. Él hizo que sucedieran cosas que yo nunca hubiera podido hacer por mí mismo".

Sin embargo, a ninguno de nosotros nos gustan las dificultades. Si tuviéramos una opción, no pasaríamos por ellas. No obstante, esos desafíos no solamente lo prepararon para su futuro, ahora tiene una historia con Dios. Cuando está en un tiempo difícil y no ve una salida, en lugar de desanimarse y ser negativo, puede recordar cómo Dios mejoró su salud. Recuerde cómo le dio un bebé cuando el especialista había dicho que no podía tener hijos. Recuerde cómo lo sacó de ese problema en el que usted se metió.

Cuando recuerde cómo Dios lo ha protegido, promovido, sanado y restaurado, la fe volverá a surgir en su corazón. En lugar de pensar: *Nunca voy a salir de este problema*, diga confiadamente: "Dios lo hizo por mí una vez; Él lo volverá a hacer por mí. Él hizo un camino en el pasado; sé que Él va a hacer un camino en el futuro". No se queje del problema. No es al azar. Usted va a necesitar esa victoria en el futuro. Dios lo está llevando de gloria en gloria.

Cuando atraviese este desafío, esa victoria será el

combustible que use para llevarlo al siguiente nivel de gloria.

Desarrolle el hábito de recordar

Esto es lo que pasó con los israelitas. Ellos se enfrentaron contra ejércitos enormes, contra naciones que eran más fuertes, tenían más equipo y eran más diestros en la batalla. Los israelitas acababan de salir de la esclavitud. Ellos no te-

> *Cuando atraviese un desafío, esa victoria será el combustible que use para llevarlo al siguiente nivel.*

nían entrenamiento militar ni armas; solamente trataban de sobrevivir en el desierto. Ellos se dirigían hacia la Tierra Prometida, pero tenían que vencer un enemigo tras otro. Estaban desanimados. No sabían cómo hacerlo.

Dios les dijo en Deuteronomio 7, "Tal vez te preguntes: "¿Cómo podremos conquistar a esas naciones que son mucho más poderosas que nosotros?". ¡Pero no les tengas miedo! Solo recuerda lo que el Señor tu Dios le hizo al faraón y a toda la tierra de Egipto. ¡Tú lo viste todo con tus propios ojos! [...] Y recuerda las señales milagrosas y las maravillas, y la mano fuerte y el brazo poderoso con que te sacó de Egipto. Lo que Dios estaba diciendo era:

"Cuando parezca imposible, cuando no veas una salida, la forma de estar animado y mantener tus expectativas es recordar lo que Dios ha hecho".

Así como fue para los israelitas, hemos visto con nuestros propios ojos esos tiempos cuando Dios hizo un camino. Usted pensó estar estancado, pero Dios abrió una puerta. Él hizo que alguien fuera bueno con usted. Enfrentó la pérdida de un ser querido, y pensó que nunca volvería a ser feliz, pero Dios lo sacó de ese pozo. Él cambió su lamento en baile.

Cuando enfrentó tiempos difíciles y su sueño parecía imposible, todas las voces decían: "Nunca va a suceder". Solo recuerde. Vuelva y revise sus victorias. Vuelva a vivir los momentos cuando Dios hizo un camino. Recuerde cómo lo puso en el lugar correcto, en el momento correcto y conoció a esa persona y se enamoró. Recuerde cómo Él guardó su vida en ese accidente. Recuerde cómo el informe médico decía que usted no estaría aquí; pero hoy está vivo, fuerte y sano.

Si va a vencer obstáculos, si va a alcanzar su más alto potencial, tiene que aprender a recordar. Cuando está pensando constantemente en la bondad de Dios, cómo lo ha protegido, defendido, promovido, no solo la fe aumentará en su corazón, sino esa actitud de expectativa que le permite a Dios hacer grandes cosas. Con regularidad, debemos revisar las victorias mayores en nuestra vida. Recuerde el día que su hijo nació. Ese fue un gran milagro. Recuerde cuando Dios le dio ese trabajo, cómo lo protegió y cómo conoció a la persona indicada. Desarrolle ese hábito de recordar lo que Dios ha hecho. Estos son los mejores pensamientos que le impulsarán hacia adelante en su futuro.

Yo recuerdo a principios de mis veinte años cuando entré a una joyería a comprar una batería para mi reloj. Yo estaba concentrado en mis propios asuntos cuando en eso, salió la joven más hermosa que jamás había visto. Era Victoria. Terminamos siendo novios por año y medio y ella no podía dejar de ponerme las manos encima, así que nos casamos. ¡Por lo menos, así es como yo lo recuerdo! Reconozco que ese encuentro no fue una coincidencia. Ese no fue un golpe de suerte. Ese fue Dios dirigiendo mis pasos, poniéndome en el lugar indicado en el momento indicado, y Él usó una batería para hacerlo. Cuando pienso en eso, me recuerda cómo Dios está a cargo de mi vida. Si Él estaba dirigiendo mis pasos en aquel entonces, yo sé que Él está dirigiendo mis pasos en este momento.

Las misericordias de Dios

Cuando el apóstol Pablo habla de "las misericordias de Dios" en la Escritura, él no usa el singular sino el plural. Cada uno de nosotros ha experimentado algunas de esas misericordias. Para mí, entrar a la joyería ese día fue una de las muchas misericordias de Dios.

Cuando me acababa de casar, iba conduciendo en la autopista durante una gran tormenta y perdí el control de mi carro. Empecé a dar vueltas en círculo, atravesando diferentes carriles. Cuando levanté la vista, vi un camión de dieciocho ruedas que venía en mi dirección. En ese momento, yo iba contra la vía. Estábamos tan cerca que sentí como si pudiera tocar su rejilla frontal, y pensé: *Hasta aquí. Estoy acabado.* Y todo lo que pude decir fue "Jesús". Cuando usted está en ese tipo de problema, no tiene tiempo para oraciones largas. De alguna manera, ese gran camión no me chocó, y el piloto se estacionó a un lado. Salió de su cabina, se acercó a mi carro y cuando me vio a través de la ventana, sus ojos estaban bien abiertos. Dijo: "No puedo creer que no le pasé encima, pero en el último momento una gran ráfaga de viento empujó mi camión al otro carril". Él dijo que fue el viento; yo sé que fueron las misericordias de Dios.

Cuando nuestro hijo, Jonathan, tenía menos de un año estábamos en un barco con unos amigos. Él

> *Él dijo que fue el viento; yo sé que fueron las misericordias de Dios.*

estaba en su cargador de bebé y lo pusimos sobre una banca en el barco. Mientras navegábamos, algo le susurró a Victoria: "Ve, agarra a tu hijo". Ella fue a donde estaba y agarró el cargador de bebé. Unos treinta segundos después, el barco golpeó contra una ola enorme y todo lo que no estaba amarrado salió volando por la borda. Jonathan pudo haber sido lanzado al agua si no hubiera sido por las misericordias de Dios.

Muchos de ustedes podrían decir, junto conmigo, que no estarían vivos si no fuera por las misericordias de Dios. Algunas de las cosas que ha hecho, la gente con la que solía andar, las drogas, el alcohol, manejar imprudentemente, los accidentes extraños, debieron haberlos matado. Sin embargo, Dios le mostró algunas de sus misericordias; no solo una vez, sino una y otra vez.

Quizá usted no debería tener el cargo que tiene en su trabajo. No era el más calificado, pero las misericordias de Dios se lo dieron a usted. O, quizás, esa enfermedad dijo que sería el final, pero las misericordias de Dios dijeron "No es tu tiempo". Cuando reconoce lo que Dios ha hecho, que a lo largo de toda su vida ha sido su mano llevándolo a donde está, entonces es fácil honrar a Dios; es fácil estar agradecido. Es fácil servir, dar y ayudar a otros. Usted se da cuenta que donde está en la vida se debe a las misericordias de Dios.

Sabe que conduce un carro de misericordia. Vive en una casa de misericordia. Trabaja en un empleo de misericordia. No solamente se casó con alguien mejor que usted, se casó con misericordia. Quizá sintió que estaba a punto de tener un ataque de nervios, pero la misericordia llegó. Usted debería estar deprimido, pero la misericordia lo cambió. Usted podría estar en prisión, pero la misericordia lo mantuvo afuera. Quizá hasta trató de suicidarse, pero la misericordia lo mantuvo vivo. La misericordia le dio ese bebé. La misericordia le dio esa idea. La misericordia abrió esa puerta. No lo dé por sentado. Téngalo siempre presente.

Usted no simplemente tiene suerte; no solo sigue ganándole a las probabilidades. Son las misericordias de Dios. De hecho, la razón por la que todavía está aquí, la razón por la que ese camión no pudo pasarle encima, la razón por la que esas drogas no pudieron matarlo, la razón por la que esa enfermedad no se lo llevó es porque Dios tiene un destino para usted. Él tiene una tarea que usted debe cumplir. Sus misericordias nunca se acabarán. Su llamado es irrevocable. Él lo escogió antes de que usted pudiera escogerlo a Él. También podría reconocer que es un hombre marcado, una mujer marcada. El Creador del universo tiene su mano sobre su vida. Mientras más pronto rinda su voluntad a la de Él, mejor va a estar. Usted no está perdiendo nada. Está ganando propósito, su destino, una vida que Él ha diseñado, una vida más gratificante de lo que jamás imaginó. Usted lo ama a Él porque Él le amó primero.

> *Sus misericordias nunca se acabarán. También podría reconocer que es un hombre marcado, una mujer marcada.*

LA BONDAD DE DIOS

David dijo: "Si no hubiera sido por la bondad de Dios, ¿dónde estaría yo?". En efecto, lo que él decía era: "Si Dios no me hubiera mostrado algunas de sus misericordias, yo no habría derrotado a Goliat. Sin las misericordias de Dios, no habría podido sobrevivir al rey Saúl cuando él trató de matarme en el desierto. No habría sido restaurado después de mi equivocación con Betsabé, sin la misericordia de Dios".

Un joven me contó que había tenido un problema serio con las drogas durante muchos años. Un día, él estaba en una fiesta con unos amigos y, accidentalmente, mezcló diferentes tipos de drogas. Tomó tantas que sus amigos empezaron a entrar en pánico. Pensaron que, definitivamente, iba a desmayarse o a tener convulsiones. Pero esas drogas no le hicieron efecto. Era como si hubieran perdido todo su poder. Me dijo: "Joel, vine hoy a la iglesia porque soy un tipo con suerte". Le dije lo que le estoy diciendo a usted. Es mucho más que suerte; son las misericordias de Dios.

El Salmo 129 dice: "Desde mi temprana juventud, mis enemigos me han perseguido, pero nunca me derrotaron". A veces, solo necesita agradecerle a Dios que usted todavía está aquí. El cáncer no pudo acabar con usted. La depresión no pudo acabar con usted. Ese divorcio, los problemas legales, la bancarrota no pudieron acabar con usted. Quizá era la persona que hablaba de usted la que no pudo acabarlo. Las personas que odian a los demás, los críticos y los negativos trataron de humillarlo, hicieron todo lo que pudieron para hacerlo ver mal, pero el mejor esfuerzo de ellos no fue lo suficientemente poderoso. Usted sigue firme, sigue fuerte, sigue sonriendo. Ellos no pudieron acabarlo. Usted fue derrumbado, pero volvió a levantarse. Tuvo un revés o un rompimiento, pero sigue en el juego. Atravesó una pérdida, pero no se amargó, siguió avanzando. Ese revés no pudo acabarlo.

Cuando mi padre era niño, cayó en una gran hoguera. Esa hoguera pudo haberle arrebatado la vida, pero el fuego no pudo acabarlo. Fue criado durante la Gran Depresión con casi nada, pero la pobreza no pudo acabarlo. Su primer matrimonio no funcionó. Le dijeron que nunca podría ser un ministro después de eso, pero el divorcio no pudo acabar con él. Años después, algunas personas le dieron la espalda y le pidieron que se fuera de la iglesia, pero la traición no pudo acabar con él. Tuvo hipertensión la mayor parte de su vida, pero eso no pudo acabar con él.

¿Qué estoy diciendo? Dios tiene la última palabra. La gente no puede acabar con usted. Una mala circunstancia, la traición, el rechazo o la enfermedad no pueden hacerlo. Cuando el enemigo llega como un torrente, la Escritura dice que Dios levanta una barrera. Dios le pondrá un alto. Las fuerzas a su favor son mayores que las fuerzas en su contra.

Lo que usted ni siquiera sabía

Quizá esté en un momento difícil. No se desanime. Solo recuerde los mares rojos que Dios ya separó en su vida. Recuerde cómo Dios lo libertó del faraón, por así decirlo. Él lo arrebató de una situación dañina. Él cerró esa puerta que hubiera sido un gran error. Él lo bendijo en esa posición que usted ni siquiera parecía merecer. Usted tiene historia con Dios. Ha visto sus misericordias, no solo una vez, sino una y otra vez, presentes en su vida.

Necesita notificarle a ese cáncer: "Tú no puedes acabar conmigo. El Dios que formó el mundo con sus palabras sopló su aliento de vida en mí. Él controla el número de mis días". Notifique a la depresión, al temor y la ansiedad: "Ustedes no acabarán conmigo. Dios ha prometido que terminaré mi recorrido con gozo". No se desanime por causa de esas personas en la oficina que están tratando de humillarlo y hacerlo ver mal. Ellos no controlan su destino. No pueden detener el plan de Dios para su vida. Cuando esos pensamientos negativos vengan a decirle: *Esta enfermedad te va a hundir. Este problema legal será el final*, solo responda: "No te das cuenta con quién estás tratando. Soy un hijo del Dios altísimo. No puedes acabar conmigo".

A Dios se le llama el autor y consumador de nuestra fe. Lo que Él empezó en su vida, Él lo terminará; no una mala circunstancia, no una decepción, no una enfermedad. Dios es el consumador. En tiempos del Nuevo Testamento, Saulo era uno de los mayores enemigos de la iglesia. Él se dirigía a Damasco para perseguir a los creyentes. Tenía el permiso de la corte para arrestar a cualquier seguidor de Cristo. Este hombre estaba determinado y tenía el poder para hacerlo. Los creyentes en Damasco tenían a este enemigo dirigiéndose directamente hacia ellos y ni siquiera lo sabían. Él iba a causarles tremenda angustia y dolor. Parecía inevitable. Sin embargo, de repente, una luz del cielo brilló sobre Saulo. La luz era tan fuerte que lo bajó de su caballo. Cayó de espaldas y no podía ver. En una milésima de segundo, Dios paró en seco al perseguidor...y en el proceso, lo convirtió en apóstol.

Todos necesitamos darnos cuenta que hubo momentos en nuestro pasado cuando no sabíamos nada de ello, pero algo venía hacia nosotros: una mala circunstancia, un accidente, una enfermedad. Ya estaba en camino con sus derechos en mano. Debió de haber acabado con nosotros, pero Dios dijo: "No, no lo creo. Ese es mi hijo, esa es mi hija. Voy a detener eso". Ese camión de dieciocho ruedas debió haberme eliminado, pero Dios sacó al camión del camino con un empujón. Ha habido muchas cosas de las que usted no sabía nada, pero Dios detuvo un cáncer, detuvo una traición o detuvo un rechazo. Todo fue tras bambalinas. Esas son las misericordias de Dios. A veces, usted necesita agradecer a Dios por lo que no pasó. Agradézcale por los enemigos que Él detuvo y de los cuales usted no sabía nada.

> *Usted no tiene idea de todo lo que sucede tras bambalinas.*

RECUERDE LAS COSAS BUENAS

"Joel, eso suena motivador, pero he tenido un montón de malas circunstancias y he atravesado una gran cantidad de decepciones. No me dieron el ascenso por el que trabajé tan duro. Esta persona se fue de mi vida". Este es el problema: usted está recordando las cosas malas. No encuentro un solo lugar en la Escritura donde se nos diga que recordemos nuestras derrotas, recordemos nuestros fracasos o que recordemos nuestras malas circunstancias. "Bueno, la empresa donde trabajaba me despidió hace veintisiete años. Eso no fue lo correcto". ¿Me permite decir esto con todo respeto? Es tiempo de superarlo. Deje de pensar en ello, deje de hablar de ello y deje de volver a vivirlo. Todo lo que está haciendo es deprimirlo. Usted está derrotándose a sí mismo. ¿Ha hecho Dios algo bueno por usted en los últimos veintisiete años? ¿Ha visto un ascenso, una sanidad, una señal de su favor?

Empiece a recordar sus victorias, los momentos cuando Dios lo sanó, las veces que Él lo ascendió, las veces que Él detuvo los accidentes, las veces que Él le dio la vuelta a sus problemas. Cuando usted recuerda las cosas buenas, está avanzando en fe. Usted verá más del favor de Dios.

David dijo en el Salmo 34: "Que todos los indefensos cobren ánimo". Luego continúa diciéndonos cómo hacerlo. En el versículo siguiente dice: "Vengan, hablemos de las grandezas del Señor. Oré, y el Señor me escuchó". Él estaba diciendo: "Cuando esté desanimado, cuando no vea una salida, venga y hablemos; no acerca de sus problemas, no acerca de lo que no funcionó. No, hablemos de las grandezas de Dios. Hablemos acerca de sus oraciones respondidas. Hablemos acerca de los mares rojos que han sido partidos".

> *Recuerde los mares rojos que han sido partidos.*

Lo que usted diga en sus tiempos difíciles lo completará o lo desarmará. Si anda diciendo: "Nunca saldré de este problema. Sencillamente, es demasiado grande" estará estancado. Dele vuelta y diga: "Dios, quiero agradecerte por tu bondad en mi vida. Gracias por darme este trabajo. Señor gracias por librarme de esta adicción". Cuando habla siempre de la bondad de Dios, no será defraudado ni desanimado. Tendrá alegría, una sonrisa en su rostro. Sabrá que Dios lo ha hecho por usted en el pasado, y Él lo hará de nuevo en el futuro.

DIGNO DE EXHIBIR

Un amigo mío es un pescador muy exitoso. En su casa, tiene varios pescados impresionantes exhibidos en su pared. Hay un pez espada grande sobre su chimenea, y un hermoso marlín azul sobre la pared a la par de su televisor. En su sala de estar, sobre la pared hay un enorme tiburón martillo de más de tres metros de largo. La primera vez que fui a su casa, pasé más de una hora yendo de cuarto en cuarto, asimilando todos sus trofeos de pesca. Él detallaba dónde los había pescado, cómo los había pescado y el tipo de carnada que usó. Ese marlín azul le dio batalla por más de dos horas antes de sacarlo del agua. Lo interesante es que, a lo largo de los años, ha pescado muchos peces pequeños: truchas, platijas y róbalos, pero ninguno de ellos está exhibido en la pared. Él montó solamente los pescados

grandes. Los pequeños estaban aceptables, tenían
valor y podían comerse, pero no eran dignos de ser
exhibidos.

De la misma manera, Dios ha hecho muchas
cosas grandes por nosotros. Él nos provee las necesidades diarias y nos da fuerza, sabiduría y protección.
Todos estamos agradecidos. Estamos agradecidos
por su bondad. Sin embargo, Dios quiere hacer algunas cosas en su vida que son dignas de exhibir,
algunas cosas que son tan grandes, tan impresionantes, que usted querrá colgarlas sobre su pared,
por así decirlo. Cuando la gente venga, cuando ellos
le vean, usted tendrá algo que enseñar. "Esto es lo
que Dios hizo en mi vida". ¿Sabe lo que nuestras
instalaciones, el antiguo Compaq Center es? Es algo
digno de mostrar. La gente que conduce por la autopista lo señalan y dicen: "Ese solía ser un estadio
deportivo, pero ahora es la iglesia Lakewood". Lo
que están diciendo es: "Vean lo que Dios ha hecho".

A mi madre le diagnosticaron cáncer terminal
y le dieron pocas semanas de vida. Hoy, treinta y
cinco años después, aún vive, sana y fuerte. A don-
dequiera que va, ella tiene algo de qué hablar, algo
impresionante, algo fuera de lo común, un trofeo de
la bondad de Dios. Usted puede mirar hacia atrás
y ver las veces en que Dios hizo algo inusual en su

vida. Quizá no debería vivir en la casa donde está ahora. No tenía los fondos, pero las cosas se arreglaron. Usted sabe que fue la mano de Dios. Eso es digno de exhibir.

Quizá usted luchó con una adicción. Estaba fuera de curso; pero, ahora, está sano, limpio, libre, siendo de bendición para los demás. Tal como lo es con mi madre, usted es un testimonio vivo. No tiene que buscar un milagro; usted es un milagro. Cuando necesite animarse, solo véase a sí mismo en el espejo. No debería estar donde está. Quizá todavía debería estar luchando, adicto, enojado, deprimido y solo, pero Dios en su misericordia se presentó y dijo: "No estoy de acuerdo". Cuando parecía imposible, Él lo detuvo. Él le ha dado algo de qué hablar. Usted es un trofeo de la bondad de Dios. Esta es la clave: No permita que lo que una vez fue un milagro se convierta en algo común. No pierda el asombro por lo que Dios ha hecho.

> *No tiene que buscar un milagro; usted es un milagro.*

Sea como mi amigo. Cuando fui a su casa, él estaba ansioso por jactarse de todos los impresionantes peces que había pescado. A donde vaya, hable de la bondad de Dios, no jactándose de sí mismo, sino de lo que Dios ha hecho. Debo de haber escuchado como mil veces a mi padre contar la historia de cómo le entregó su vida a Cristo. Sucedió cuando tenía diecisiete años, pero a los setenta y cinco, todavía la contaba como si hubiera sucedido ayer mismo. Él nunca perdió el asombro. Cuando usted piensa constantemente en lo que Dios ha hecho, cuando vuelve a vivir sus milagros, cuando está siempre asombrado de su bondad, se pone a sí mismo en posición para que Dios haga algo aún más sorprendente. Dios quiere darle algunas cosas nuevas para montar. Prepárese para el favor que no ha visto todavía, para la oportunidad, la influencia y el ascenso. Él tiene algo fuera de lo común, algo impresionante, un nuevo nivel dirigiéndose hacia usted.

Entienda su historia

En una ocasión, los discípulos estaban en un bote. Solo unas pocas horas antes, había visto a Jesús tomar cinco panes y dos pescados, orar sobre ellos y alimentar a más de cinco mil personas. Al final del día, Él les dijo a los discípulos que recogieran las sobras, subieran al barco y fueran al otro lado del lago. Ahora, era media noche. De repente, fuertes vientos descendieron sobre el lago, las olas eran muy altas. Los discípulos estaban preocupados por su seguridad, cuando vieron a Jesús caminando sobre el agua. Primero, en lo más oscuro de la noche, pensaron que Él era un fantasma. Finalmente lo reconocieron y lo invitaron a entrar en su bote. Cuando Él llegó al bote, los vientos y las olas se calmaron inmediatamente. Ellos estaban aliviados, estaban bien.

Pero la Escritura nos da información de la razón por la que estaban tan preocupados. Dice: "Ellos no entendieron el milagro de los panes". Estaban tan estresados por la tormenta nocturna y las altas olas que olvidaron que antes, ese mismo día, habían visto con sus propios ojos uno de los más grandes milagros jamás registrados. Si tan solo hubieran recordado lo que Dios había hecho, si tan solo hubieran recordado el milagro, habrían permanecido en fe. Habrían estado tranquilos, sabiendo que todo estaría bien a pesar de las olas. Lo interesante es que ellos estaban en el lago porque habían sido obedientes. Habían hecho lo que Jesús les pidió. Fueron fieles. Donde se perdieron fue en que no recordaron lo que Dios había hecho.

¿Está usted haciendo lo mismo que ellos? ¿Está permitiendo que sus circunstancias, un informe médico o una situación financiera haga que viva preocupado, estresado? ¿Por qué no empezar por entender sus milagros? Mire su pasado. Recuerde cuando Dios se hizo presente y, de repente, todo cambió. Vea en sus paredes y vuelva a vivir algunas de esas cosas montables que Dios ha hecho.

¿Cómo va a vencer los faraones en su vida? ¿Cómo va a vencer esos grandes obstáculos? Dios le dice lo que les dijo a los is-

> *¿Por qué no empieza a entender sus milagros?*

raelitas: Solo recuerde. Usted tiene historia con Dios. Cada victoria que Él le ha dado no fue solo para ese momento; fue para que usted pudiera volver y usar eso como combustible para construir su fe. Si tiene su fe baja, necesita volver y obtener combustible. Está en sus victorias anteriores. No hable acerca de sus problemas; hable acerca de la grandeza de Dios.

Recuerde, el enemigo no puede acabarlo; Dios tiene la última palabra. Si usted desarrolla este hábito de solo recordar, creo y declaro que Dios está por hacerse presente en su vida. Cuando piense mejor, vivirá mejor. Él le va a dar algo nuevo para exhibir. Usted ascenderá más alto, alcanzará sus sueños, e irá a lugares que nunca pensó posibles.

RECONOCIMIENTOS

En este libro ofrezco muchas historias que amigos, miembros de nuestra congregación y personas que he conocido alrededor del mundo han compartido conmigo. Aprecio y reconozco sus contribuciones y apoyo. Algunas de las personas que menciono en el libro no las he conocido personalmente; y en algunos casos, hemos cambiado los nombres para proteger la privacidad de ellas. Doy honor a quien honor merece. Como hijo de un líder de iglesia y como pastor, he escuchado un sinnúmero de sermones y presentaciones, de manera que, en algunos casos, no recuerdo la fuente exacta de la historia.

Estoy en deuda con el increíble personal de la Iglesia Lakewood, los miembros maravillosos de Lakewood quienes comparten sus historias conmigo, y aquellos, alrededor del mundo, quienes generosamente apoyan nuestro ministerio y hacen posible llevar esperanza en un mundo necesitado. Estoy agradecido con todos aquellos que ven nuestros servicios en la televisión, internet, SiriusXM y a través de los podcasts. Ustedes son parte de nuestra familia Lakewood.

Doy un agradecimiento especial también a los pastores a través del país que son miembros de nuestra Champions Network.

De nuevo, estoy agradecido por el equipo maravilloso de profesionales que me ayudaron a preparar este libro. Encabezando a este equipo está mi editor de Faith Words/Hachette, Rolf Zettersten, así como los miembros del equipo: Patsy Jones, Billy Clark y Becky Hughes. Verdaderamente aprecio las contribuciones de destrezas editoriales de Lance Wubbels.

Estoy agradecido también con mis representantes literarios Jan Miller, Rich y Shannon Marven en Dupree Miller & Associates.

Y, por último, pero no menos importante, agradezco a mi esposa Victoria, a nuestros hijos Johathan y Alexandra, quienes son la fuente de mi inspiración diaria, así como a los miembros de nuestra familia más cercana quienes sirven, día a día, como líderes de nuestro ministerio, incluyendo a mi madre Dodie; mi hermano Paul y su esposa Jennifer; mi hermana Lisa y su esposo Kevin; y mi cuñado Don y su esposa, Jackelyn.

¡Queremos saber de usted!

Cada semana, concluyo nuestro programa internacional de televisión dándole una oportunidad a la audiencia de que Jesús sea el Señor de su vida. Me gustaría extenderle esa misma oportunidad.

¿Está en paz con Dios? Hay un vacío en el corazón de cada persona que solo Dios puede llenar. No estoy hablando de unirse a una iglesia o de encontrar una religión. Estoy hablando de encontrar vida, paz y felicidad. ¿Puede orar conmigo? Solo diga: "Señor Jesús, me arrepiento de mis pecados. Te pido que entres a mi corazón. Te hago mi Señor y Salvador".

Amigo, si hizo esa sencilla oración, creo que usted ha "nacido de nuevo". Le animo a asistir a una buena iglesia, fundamentada en la Biblia, y a que mantenga a Dios como prioridad en su vida. Para información gratuita acerca de cómo puede fortalecer su vida espiritual, por favor comuníquese con nosotros.

Victoria y yo le amamos y estaremos orando por usted. Creemos que Dios tiene lo mejor para usted, que sus sueños se han de cumplir. ¡Nos encantaría saber de usted!

Escríbanos a:
Joel y Victoria Osteen
P.O. Box 4600
Houston, TX 77210

O puede buscarnos en línea en www.joelosteen.com

Notas

1. La versión en inglés *The Message* no está disponible en idioma español, por lo que se hace una traducción libre del pasaje bíblico.